포스트 팬데믹 에듀케이션

학교장 변화 - 성장 리더십

가경신 지음

고통은 적게 성장은 크게 학교 변화 - 성장 안내서

내 안의
거인

프롤로그:

학교를 바꾸고 싶다면 당장 시작하라 / 6

변화를 위한 기초 쌓기 / 9

1. 제대로 철학하기 / 11

2. 적극적으로 전략 사용하기 / 21

3. 변화과정 살피기 / 26

4. 보상개념 넓히기 / 39

5. 유목화하기 / 48

6. 역지사지 그리고 측은지심 / 60

변화의 6하 원칙 / 65

1. 무엇이 문제인가? / 67

2. 어디로 가야 하나? / 76

3. 왜 변인을 고려해야 하나? / 81

4. 언제 시작해야 하나? / 87

5. 누가 시작을 알려야 하나? / 92

6. 어떻게 긍정 에너지를 퍼트려야 하나? / 97

변화를 위한 사람 공부 / 103

1. 탁월인·평범인·고민인 / 105

2. 긍정인·저항인 / 117

3. 성공경험인·실패경험인 / 123

4. 신규교사·선배교사 / 130

5. 징징이·투덜이 / 140

함께 성장하기 / 147

1. 제대로 가르치기 / 149
2. 공포심 받아들이기 / 155
3. 성장 지원하기 / 159
4. 끊임없이 자극하기 / 164
5. 개별과 집단을 선택하기 / 167

변화 성공 전략 / 171

1. 일단 시작하자고 말하라 / 173
2. 과거와 결별하라 / 176
3. 데이터를 활용하라 / 182
4. 비공식적 역학을 이해하라 / 185
5. 새로운 것을 정상으로 만들어라 / 189
6. 떠날 때를 준비하라 / 194

성공하는 교장들의 특성 / 199

1. 사람을 귀하게 대한다 / 201
2. 긍정적으로 기대한다 / 204
3. 존중받고 싶은 만큼 존중한다 / 209
4. 좋은 모델이 되려한다 / 213
5. 칭찬을 즐긴다 / 216
6. 마음을 만질 줄 안다 / 221
7. 무시할 것은 무시한다 / 232
8. 다름을 받아들인다 / 236

학교장 일상 모음 / 241

    1. 학교장 3 않기 / 243

    2. 행운의 대문 만들기 / 247

    3. 여성 교직자로 성공하기 / 250

    4. 교직 버킷 리스트 / 258

    5. 교장실 수업 / 261

아이들에 대한 소소한 생각 모음 / 265

    1. 시간의 자기 결정권 / 267

    2. 어른들이 만들어 주는 추억 한 자락 / 271

    3. 포용국가에서의 청소년의 짐 / 275

    4. 대충 살자 / 278

    5. 아이들을 키운 것은 팔 할이 무관심이다 / 281

에필로그 :

가야할 때를 알고 가는 이의 뒷모습은 정말 아름다운가? / 284

[프롤로그]

학교를 바꾸고 싶다면 당장 시작하라

삶을 바꾸고 싶다면 당장 요란하게 시작하라. 예외 따위는 두지마라.
- 윌리엄 제임스 -

    변화는 어느 시대 어느 조직을 막론하고 도전과제다. 학교 역시 변화 요구를 받아왔지만 조금은 소극적이었던 것도 사실이다. 소극적이라기보다는 '스마일 마스크 증후군'처럼 학교는 안정적임을 보여줘야 한다고 믿고 변화를 드러내지 않으려 애썼는지도 모른다.
    그러나 코로나 19로 인해 학교는 변화의 광풍을 마주하게 되었고 변화하지 않고 살아남을 수 있는 방법은 어디에도 없었다. 돌이켜보건대 지난해는 아마도 근대 학교 교육 역사상 가장 급격한 변화를 겪은 해일 것이다.

    난세에 영웅이 나온다는 말처럼 상상하지 못했던 위기 상황을 겪으면서 학교장의 리더십은 더욱 중요하게 되었다. 위기에 대응하기 위해 적극적으로 변화를 추구한 학교는 팬데믹의 파고를 슬기롭게 헤쳐가고 있지만, 그렇지 못한 학교는 내적·외적 갈등에 힘들어 하고 있다. 게다가 우리에게는 '포스트 팬데믹' 혹은 '위드 코로나'라는 새로운 시대를 대비해야 하는 또 하나의 과제를 안고 있다.

사실 코로나 팬데믹 시대라고 해서 학교장이 온라인 수업도구, 화상회의 시스템, 수업 플랫폼 등의 교육 방법이나 도구를 능숙하게 잘 다루어야 할 필요는 없다. 오히려 일상화될지도 모르는 위기를 관리하고 대응하면서 변화 에너지를 성공으로 이끄는 능력이 더욱 필요한 시점이다. 교육 공동체 간의 공유와 연대, 협력과 배려를 바탕으로 위기를 성장으로 이끄는 힘은 결국 '학교장 변화-성장 리더십'이다.

인간이 존재하는 모든 곳은 변화한다. 사람에게 있어 변화는 곧 성장이고 발전이다. 태어나서, 성장하고, 죽는 육체의 변화는 물론, 사회·문화적 현상들도 발생·성장·소멸이라는 변화를 기반으로 하고 있다. 그러므로 인간을 대상으로 하는 교육이 변화해야 한다는 것은 너무나 자연스럽다. 그 변화가 성장을 담보하는가 아닌가는 또 다른 문제지만 변화하지 않고는 어떤 성장도 없다는 것은 분명하다.

게다가 지금처럼 예측하지 못하는 위기의 시대일수록 적절한 시점에 적절하게 변화하지 않는다면 학교는 사라질지도 모른다. 마치 시대 변화에 따라 빠르게 변화하지 않은 기업이나 상공인들이 소멸의 길을 걷는 것과 같다. 그러므로 학교는 변화에 익숙해야 하고, 변화에 민감해야 하고 또 그 변화는 반드시 성장을 향해 가도록 잘 조직되어야 한다.

사실 변화는 시작도 어렵지만 변화의 과정은 더욱 고통스럽다. 더구나 성장을 담보해야 한다면 그 고통은 더욱 커진다. 그래서 우리는 변화를 주저하거나 변화를 유보하는 지도 모른다.

  나는 이 책을 통해 평상시 고민해 온 '고통은 적게, 성장은 크게'할 수 있는 성공적인 변화 방법들을 나누려고 한다. 특히 팬데믹시대 이후를 위해 학교를 성공적으로 변화시켜야 할 책임이 있는 학교장을 중심으로 고민할 것이다. 변화는 여러 지점에서 시작할 수 있지만, 변화 요구와 에너지를 성장 동력으로 바꾸기 위해서는 학교장의 지속가능한 리더십이 출발점이 될 수 있다고 믿기 때문이다. 인정하지 않을지 모르지만 현재의 학교 시스템에서 그래도 학교장의 철학과 리더십은 그 어떤 것에 우선한다.

  이 책은 학교장이 아닌 교직원들에게는 다소 불편할 수도 있다. 때에 따라서 그들을 분석하거나, 끌고 가거나, 조종하는 전략들을 사용하길 권하기 때문이다. 그러나 성공하는 사람들은 어느 정도 전략적이다.

  또 이 책은 추상적이다. 개인이 처한 환경과 경험을 바탕으로 하지 않는 지식과 방법은 모두 추상적이기 때문이다. 따라서 나의 짧은 교장 경험과 전문직 경험을 바탕으로 쓴 이 책이 각 학교의 상황과 인적 조직, 학교장의 철학과 개인적 경험에 따라 달리 해석되고 적용되어 추상성을 벗고 실제적이 되기를 바란다.

  우리 아이들의 미래를 위해 지금 당장 학교는 변화의 길에 들어서야 한다. 그래야 우리 모두 성장할 수 있다.

변화를 위한 기초 쌓기

1. 제대로 철학하기
2. 적극적으로 전략 사용하기
3. 변화과정 살피기
4. 보상개념 넓히기
5. 유목화하기
6. 역지사지 그리고 측은지심

제대로 철학하기

최근 길에 붙어있는 '뭉치면 죽고 흩어지면 산다'는 현수막은 지금의 재난을 단적으로 보여준다. 전통적으로 인류는 협동, 교류, 연대, 배려를 통해 성장하고 발전해 왔다고 믿고, 이런 형태의 수업, 활동, 행사를 강조해왔던 나에게는 너무 낯설고 당황스러운 상황이다.

이런 재난의 시대에 교육자로서 존재에 대한 질문을 하지 않을 수 없다. 과연 학교는 무엇을 중심 가치로 두어야 하는가? 교육은 어디를 향해 가야 하는가? 미래에도 학교는 지금과 같이 기능할 것인가? 그동안 진리라고 믿고 가르쳐 왔던 것들은 과연 진리인가? 공교육의 역할과 신뢰는 유지될 것인가? 학교 교육을 통해 인간의 필요를 어디까지 채울 수 있는가?

이런 질문들에 정답은 없을지도 모른다. 그럼에도 현상과 교육적 본질에 근접한 답을 찾으려는 노력은 해야 한다. 거의 평생을 바쳐 온 사랑하는 우리의 학생들과 학교를 이대로 헤매게 둘 수 없기 때문이다. 교육자인 우리들은 시대를 관통하는 깊은 통찰과 혜안을 통해 그들을 제대로 안내할 책임이 있다.

나는 교육은 속도가 아니라 방향이라는 말에 전적으로 동의하지는 않는다. 오히려 교육은 방향과 속도다. 특히 요즘같이 급변하는 시대, 예측 불허의 시대일수록 속도는 방향만큼 중요하다. 다만 우선순위가 방향이어야 한다는 것이다. 방향이 제대로 정해졌을 때 속도는 비로소 기능하기 때문이다. 잘못된 방향을 향한 속도는 헛수고거나 극단적인 경우 파멸에 이를 수 있다.

그렇다면 교육의 올바른 방향을 설정하기 위한 나침판은 무엇인가? 나는 그것을 교육하는 사람들의 철학이라고 생각한다. 올바른 교육 철학을 바탕으로 질문하고, 탐구하고, 사유하는 과정이 없다면 어떤 행위도 교육적 가치를 만들어 내기 어렵기 때문이다. 더구나 기존의 정의니 공정이니 하는 것들이 부표처럼 흔들리는 지금이야말로 학교와 교육, 수업에 대한 철학적 탐구와 가치 정립이야말로 학교장으로서 가장 공들여야 할 일이다.

현재 상황에 대한 분명한 현실 인식 아래 인생과 역사를 찬찬히 살펴 의미를 발견하고, 대립되는 양쪽을 포용하여 긍정적인 면을 찾고, 답습이 아닌 새로운 해결책을 제시하려는 철학적 고민이 전제될 때 위기의 교육은 방향을 찾을 수 있을 것이다.

철학이라고 해서 거창한 것은 아니라고 생각한다. 철학(philosophy)은 말그대로 '사랑하다'는 'philo'와 '지혜'를 의미하는 'sophy'가 합쳐

진 그리스어다. 단순하게 말해 철학은 지혜를 사랑하는 것 즉, 알려는 노력을 통해 근본 원리를 깨닫는 과정이다. 이미 소유하고 있는 지식만이 아니라, 자신과 자신이 속한 세계를 사랑하고 탐구하여 지혜를 발견하는 것이다.

철학은 의식은 물론 삶의 태도에서 나타나는데 삶의 관점이나 판단의 잣대를 제공하는 인간관, 인생관, 가치관, 세계관, 역사관 등의 형태로 나타난다. 또한 철학은 단순한 앎만이 아니라 앎에 따른 실천적 행위를 포함한다. 이런 측면에서 개인은 물론 조직이 어떤 철학적 가치를 기반으로 방향을 설정하고 그것을 실천해 가는가는 매우 중요하다. 그리하여 철학은 나와 세상을 더 높은 곳으로 도달하게 한다. '철학적 높이와 시선은 나와 사회를 한 단계 높이기 위해 갖추어야 할 중요한 것[1]'이다.

처음 교장으로 발령 났을 때 설레기도 하고 두렵기도 했던 기억이 난다. 큰 걱정이 있는 것도 아닌데 교장 발령 후 부임할 때까지 보름 정도는 거의 매일 새벽 4시 이전에 깼던 것 같다. 부임 인사는 어떻게 해야 할지, 학교장 경영 의지는 무엇으로 정해야 할지, 심지어 부임하는 날 옷은 무엇을 입고 가야 좋을지, 선생님들과 첫 대면은 어떻게 드라마틱하게 해야 할지와 같은 어줍잖은 것들로 잠 못 들었다.

지금 생각하면 부끄럽지만 그때는 정말 잠이 안 올 정도의 중요한

---

1) 최진석, 『탁월한 사유의 시선』, 21세기 북스, 2018

것들이었다. 틈만 나면 부임할 학교 홈페이지에 들어가 보고, 직원들 명단도 살펴보고, 졸면서 듣던 신규 교장 연수 책자도 들척여 보고, 인터넷도 뒤적이면서 열심히 메모했다. 어찌 보면 우습고 소소한 질문들로 몇 날을 보내다가 문득 이런 생각이 들었다.

나는 어떤 교장이 되려 하는가?
내가 그리는 학교는 어떤 모습인가?
나는 아이들에게 어떤 희망을 가지고 있는가?
나는 교사들과 아이들을 어떤 존재로 인식하는가?
그리고
무엇보다 교육은 세계와 역사에 어떤 역할을 해야 하는가?

'질문이 인류의 역사를 바꾸었다'는 말처럼 잠시 멈추고 질문을 바꾸자 내 생각이 바뀌기 시작했다. '체육 대회는 이렇게 하고, 축제는 저렇게 하고, 학교 환경은 이렇게 바꾸고, 교무회의는 이렇게 해야겠다'등의 소소한 고민으로 밤잠을 설치던 나를 제대로 된 몇 가지 질문이 출발점으로 데려다 주었다. 이런 소소한 것들은 '나'가 아니라 '우리'가 소통하면서 차차 결정하면 되는 일이라는 생각이 들었다. 그러나 근본적인 교육관이나 철학은 차후에 결정해도 되는 것들이 아니었다. 나의 모든 질문들은 한 곳으로 모아졌다.

사람은 무엇으로 사는가?
사람은 무엇으로 행복해지는가?

What is your aspiration in life?
My aspiration is Happiness!

교육의 가장 중요한 철학적 기반은 '행복'이다. 모든 종교와 정치의 근원 역시 행복한 삶에 있다. 그것이 현세의 행복인가? 내세의 행복인가? 최대다수의 행복인가? 개인의 행복인가? 나의 행복인가? 타인을 포함한 우주 전체의 행복인가? 차이는 있을지언정 인간 삶의 궁극적 목표는 행복이다. 법적으로도 행복은 헌법이 보장하는 가장 높은 가치다.

학교의 행복은 학생이 행복할 때 구체적으로 실현된다. 더 나아가 교육 공동체의 행복은 결국 학생의 행복을 기반으로 한다.
학생들은 교육을 통하여 긍정적 자아개념을 만들고, 앎의 기쁨을 느끼면서 지적으로 성장하고, 더불어 살아가는 지구 공동체의 구성원임을 자각하여 역할을 다할 때 행복해진다. 이런 가치를 시작점으로 할 때 교직원들의 행복도, 학부모들의 행복도, 지역의 행복도 보장된다.

이런 생각을 바탕으로 시작한 나의 첫 번째 교장 역할은 아이들의 자존감 고양을 통한 행복 증진, 인간으로서 존엄함이 보장되는 학교의 일상, 상호 연대를 통한 즐거움의 증대, 존중과 배려가 습관화된 인간관계, 자신이 속한 사회와 학교에 대한 책임감 그리고 무엇보다 학생들을 관행적으로 속박해온 것들로부터 해방시키려는 고민으로

부터 시작했다.

　2011년 9월 부임이었으니 6개월은 다음 학년도 변화를 위한 준비과정이었다. 그러나 시작은 요란했다. 10월말쯤 밤 10시까지 김밥 먹으며 진행된 '심야 부장회의'는 변화가 시작될 것을 교직원은 물론 지역사회에 알리는 신호탄이었다. 그해 11월에 1박 2일로 가진 '주요 업무 계획 수립을 위한 부장 워크숍'은 지금 생각해도 가슴이 뛴다. 당시는 흔하지 않았던 학생 공모를 통한 반바지 생활복 도입, 교복 입는 시기 자율 선택, 인권 중심의 학칙 개정, 자존감과 자긍심을 가지게 하기 위한 신입생 비전&드림 학교, 즐거움을 주는 등굣길 학급 축제, 삼겹살 데이, 창업동아리 축제, 학부모 대학, 길거리 페스티벌, 신학기 맞이 교원연수, 00인 기네스, 진로 담임제, 틈새 체육대회, 전교생 독서동아리, 전교생 봉사 의무제(동아리 개설 의무 조항) 등 새롭게 추진할 56가지를 그야말로 '던졌다.' 부장들은 당황했지만 '하지 못할 이유를 찾지 못 한다면 시작해 보자.'는 나의 생각에 동의해 주었다.
　우리는 치열하게 토론했고 뜨거운 마음으로 시작했다.
　지금도 그 당시 선생님들을 만나면 완전 '무개념 던튀(던지고 튄다)'였다고 놀려 먹지만 3년 근무 후 떠나면서 '해외 교류와 교원 육아방' 등 몇 가지를 제외하고는 형태나 방식을 바꾸어서라도 대부분 추진되었다. 그 경험을 통해 학교는 물론 우리들 각자는 성장했다.

　지금은 많은 학교에서 일상화 되어 있는 것들도 많지만, 그 당시에는 상당히 새롭고 충격적이었다. 이러한 사업들을 하면서 내용도 중요하지만 '과정은 공정하게, 결과는 정의롭게, 기억은 행복하게'를 고민하면서 교직원들과 함께 변화를 만들어 갔다.

학교장은 학교의 중요한 일들을 결정하고 판단하는 임무를 맡고 있다. 그래서 매순간 학교장은 철학해야 한다. 독서를 하든, 좋은 사람들과 대화를 하든, 경험을 통한 성찰의 시간을 가지든 사람을 마음 한가운데 둔 철학적 고민과 실천이 필요하다.

학교장은 학생들이 배려하고 연대하는 인간으로 성장할 수 있는 정서적 환경과 존엄한 인간으로 살아갈 수 있는 직업적 능력을 갖출 수 있는 학습 환경을 깊이 고민해야 한다. 학생들 한 명 한 명이 존엄하고 유일한 인간으로서 오롯하게 성장하도록 지원하고 지지할 책임이 학교장에게는 있다.

학교장은 인간의 존엄성에 대한 신뢰, 인권에 대한 기본적 신념, 행복과 성공에 대한 적합한 정의, 확고한 교육에 대한 희망, 정의로움에 대한 끊임없는 성찰과 실행, 공정함에 대한 합리적 적용, 다가올 세대에 대한 통찰 등이 전제되는 높은 철학적 시선으로 교육을 볼 수 있어야 한다. 그리고 그 성찰의 결과를 실천해야 하고 교직원들을 권면해서 함께 그 길을 걸어야 한다.

> 5월은 운동 잘 하는, 달리기 잘하는, 힘 센, 유연성 있는, 리더로 나서기 좋아하는, 춤 잘 추는, 노래 잘하는, 코로 리코더 잘 부는, 치어리딩 잘하는, 악기 잘 다루는, 멋진 옷태 자랑하는, 화장 잘하는, 나서기 좋아하는, 방송기기를 잘 다루는, 특히 놀기 좋아하는 아이들이

> 한껏 기가 살아 신났던 달이었습니다. 이런 아이들이 마음껏 기피고 몰입하는 날들을 만들어 줄 수 있어 학교가 좋습니다.
>
> 며칠 전 신문을 보니 청소년의 48.4%가 학교생활에 부정적이며, 중고생의 25.2%가 지난 1년 동안 2주 내내 일상생활을 중단할 정도로 슬프거나 절망감을 느끼는 우울감을 느낀답니다. 그중에서도 여학생은 30.7%가 우울감, 40.7%가 스트레스로 힘듭니다. 우리 학교는 이 비율을 조금이라도 줄였으면 좋겠습니다. 그래서 우리 학교는 3행(행복, 행운, 행쇼)입니다!!!
>
> 이제 차분히 진득하게 공부 열심히 하는 아이들이 열공하며 신나하는 6월입니다. 6월 말이면 기말고사니, 아이들도 선생님들도 공부 모드로 전환하겠지요. 들뜬 아이들 잡아서 공부시키느라 선생님들도 많이 어려우시리라 생각합니다. 게다가 날씨가 더워져서 마스크 쓰고 수업하기가 점점 어려워지는 계절이 다가옵니다. 무엇보다 건강이 중요하니 건강 챙기고 행복하십시오.
>
> (2021년 5월 각종 행사 마무리 후 교사들에게 보낸 편지 중에서)

나는 '나름대로 열심히 한다'는 말을 좋아하지 않는다. '나름'이 정당하지 않거나, 합리적이지 않거나, 방향에 맞지 않는다면 열심히 하지 않느니만 못한 사례는 무수히 많다. 너무 흔한 예지만 히틀러가 열심히 최선을 다하지 않았다고 말할 수 없다. 다만 '그는 독일인은 우수하고 유태인은 열등하다.'는 매우 위험한 그러나 자신에게는 매우 확고한 가치를 맹신하여 열정을 쏟은 사람이다. 학교에서 아이들에게 폭력적인 벌을 주거나, 지금은 사라졌지만 소위 '깜지'를 시키거나, 무한경쟁을 강요하는 교사들이 열정이 부족하다고 말할 수 없다. 그러나 이런 행동을 칭찬하지 못하는 것은 그들의 행위에 인간의 존엄성과 자율 의지에 대한 고민과 성찰이 빠져있기 때문일 것이다.

그래서 학교장은 나름 열심히 하는 것을 가장 경계해야 한다. 학교장을 포함한 모든 구성원들은 올바른 가치와 철학적 기반 아래서 열심히 해야 한다. 인간의 존엄성을 기반으로 사람은 누구나 평등하고 행복한 삶을 살아갈 권리가 있다는 가치를 훼손하거나 놓치지 않는 범위 안에서 변화의 방향을 설정하고 이를 위해 최선을 다해야 한다는 것이다.

코로나 19를 겪으면서 사람들은 어떤 형태든 엮여있다는 것을 알게 되었다. 지구촌 저쪽의 사람들이 겪는 고통이 나에게 직접 영향을 주기도 하고, 전혀 모르는 사람이 감염되었지만 같은 공간에 있었다는 것만으로 자가격리를 당하고, 작은 바이러스의 출현으로 생태계가 바뀜으로써 생계를 위협받는 취약한 인간의 삶을 경험했다. 그래서 이제 연대, 복지, 집단지성, 생태 등의 가치가 개인의 능력이나 자질보다 더욱 중요해졌다[2].

인간의 존엄성을 어떻게 유지하면서 변화에 대응할 것인지,
  연결되어있는 세계와는 어떻게 공존할 것인지,
  어떻게 품격과 가치를 잃지 않고 성장할지,
  인류가 쌓아온 문화를 어떻게 더 발전시킬지,

---

2) 김누리 외, 『코로나 사피엔스, 새로운 도약』, 인플루엔셜, 2021

학교가 맡아온 계층 간의 공정성 유지를 위해 무엇을 해야 할지,

하던 일을 잠시 멈추고 고개를 곧추 들어 하늘을 보며 철학적 고찰을 시작해야 한다. 이래야 비로소 내 곁의 사람들을 향한 뜨거운 사랑과 열정을 나눌 준비가 된 것이다.

적극적으로 전략 사용하기

송복은 『특혜와 책임』[3]이라는 책에서 경제를 성장 발전시키는 3요소를 1)사람 2)지식 3)통찰력으로 보고, 가장 중요한 요소가 사람이라고 피력했다. 지식도 통찰력도 결국은 사람의 것이기 때문이다. 전적으로 동의한다. 학교 성장의 요소도 크게 다르지 않을 것이다.

학교가 변화하고 성장하기 위해서는 교직원이 어떤 생각을 가지고 있으며 어떤 철학과 가치관으로 움직이는가는 매우 중요하다. 그리고 이들이 가지고 있는 지식이 '이론지(理論知)'가 아닌 '실행지(實行知)'로서, 구성원의 통찰을 통해 축적된 것이라면 변화와 성장의 동력은 갖춰진 셈이다.

그렇지만 이것만으로 충분하지 않다. 변화를 실행하기 위해서는 무엇보다 사람이 동참해야 하는데, 자신을 변화시키려 하든 조직을 변화시키려 하든 자발적으로 변화의 여정에 뛰어들기는 쉽지 않다. '변

---

[3] 송복, 『특혜와 책임』, 가디언, 2016

화하라'는 것은 '현재의 상황과 맞서라'는 것이기 때문에 기본적인 두려움이 있다. 어쩌면 변화 자체에 대한 두려움보다는 변화로부터 자신을 보호하지 못할 수도 있다는 존재에 대한 두려움일지 모른다.

따라서 학교장이 학교 변화를 성공시키고자 한다면 공동체의 두려움을 최소화시키기 위한 전략을 고민해야 한다. 학교와 같이 다양한 구성원들로 이루어진 조직일수록[4] 각 개인마다 변화에 대한 반응도 다르고 접근 방법 역시 다르다. 물론 교사를 비롯한 대부분의 구성원들이 학생을 중심에 두고 '교육'이라는 목표를 달성하기 위해 노력하지만, 그들이 자신의 가치를 인정받고 보호하는 기제는 물론 두려움을 극복하는 기제 역시 다르다. 이런 측면에서 학교장은 적은 에너지로 높은 성과를 얻는 소위 '효율적이고 경제적인' 변화 전략을 고민해야 한다.

사실 교직원들은 '전략'이라는 말에 일종의 거부감을 넘어 공포감을 가진다. 그동안 일부 학교장들이 전략 대신 계략을 사용하여 그들의 권한을 유리한 쪽으로 끌고 가기도 하고 전술을 통해 조직을 전쟁터로 만들어온 경우도 있었다. 그럼에도 성공적인 변화를 위해서는 구성원들이 '전략'에 대해 우호적인 관점을 가지고 전략을 수용하고 개발할 필요가 있다. 더욱이 교장은 전략을 적극적으로 수용해야 한다.

---

4) 학교 구성원의 연령 분포는 유치원일 경우 만3세부터 62세. 고등학교라 해도 최소 45년이다. 게다가 40여종 이상의 공무직과 교원, 일반직이 있으니 학교별로 최소 30개 이상의 다른 직군에 의한 이해관계가 드러난다. 게다가 학부모를 구성원으로 가정한다면 그야말로 극 버라이어티 쇼가 펼쳐진다.

'전략'의 사전적 정의를 보면 전쟁에 승리하기 위한 방법이나 책략이다. 이것이 경제, 정치 등의 영역에서 업무나 활동을 성공적으로 수행하기 위한 방법을 말하는 것으로 쓰이게 되었다. 즉 전략이란 승리 혹은 성공하기 위해 나를 둘러싸고 있는 외부 요인들 속에서 내가 취해야 하는 가장 효과적인 방법이다.

즉, 사람들이 본능적인 두려움에서 벗어나 자발적으로 변화하려 하고 결국은 성공하게 하는 효과적인 방법이 전략이다. 자기가 원하는 대로 끌고 가기 위한 잔머리를 전략이라 하지는 않는다. 학교의 상황은 역동적이고 때로는 우발적이기까지 해서 정해진 패턴이 있거나 규칙이 있지 않다. 때에 따라서는 의도하지 않은 혹은 절대 가지 말아야 할 방향으로 흘러가기도 하고 전진을 위한 후퇴도 있어야 한다. 이런 측면에서 학교장은 전략가여야 한다. 물론 이러한 학교장의 전략은 앞에서 말했듯 사람을 중심에 둔 제대로 된 철학적 고민을 전제조건으로 한다. 철학이 없는 전략은 술수일 가능성이 많기 때문이다.

'사람 중심, 학생 중심의 철학'을 바탕으로 구성원이 함께 논의하고 고민하여 도출한 합리적인 전략이 사용될 때 변화는 성장을 담보할 수 있다.

전략은 자원의 배분, 경쟁 우위, 실현 가능성 등 실제 상황과 인적 자원에 대한 충분한 조사가 있어야 한다. 그런 다음 이를 활용하거나 타개하기 위한 아이디어를 만들어내고 강력하고 치밀한 추진력을 발휘해야 한다. 마치 을지문덕 장군이 부족한 인적 자원을 대체하기 위해 살수를, 이순신 장군이 울돌목을 이용하여 전략을 만들고, 흔들림 없는 리더십으로 적을 물리쳤듯이 학교장의 상황과 자원에 대한 탁월한 이해력, 효과적인 전략 수립 능력 그리고 조직원을 이끌어 가는 능력이야말로 변화-성장 리더십의 핵심이다.

객관적으로 볼 때 변화가 반드시 필요한 데도 그 속에 있는 사람들은 어느 정도 안정적이다. 적절한 비유일지 모르겠지만 비이커 안에 개구리를 넣고 서서히 온도를 높이면 파멸에 이르는 상황일지라도 개구리는 심지어 안정을 느껴 비이커에서 탈출하려 하지 않는 것과 같다. 개구리를 비이커 밖으로 나오게 하는 방법은 누군가 외부인이 꺼내주거나 개구리 스스로 위험을 깨닫고 튀어나오는 방법뿐이다.

지나친 표현일지 모르지만 코로나 상황 속의 학교는 마치 비이커 안의 개구리와 같다. 코로나 19로 원격수업을 시작한지 2년여가 흐른 지금 원격 수업체제에서 오히려 편안함과 여유를 느끼는 학생과 교사들의 비율이 점점 높아지고 있다. 물론 대면 학습만이 최고의 수업 방법이라고 고집할 이유는 없지만, 학교는 안 가는데 학원은 가는 기현상 속에서 빈부의 격차로 인한 수업과 학력 격차는 더욱 커지고 있다. 학교가 그런대로 유지되고 있다고 해서 아무 문제가 없다고 할 수는 없다. 앞으로 다가올 더큰 위험을 인지하지 못한 채 안주하고 있는지도 모른다.

지금의 상황을 타개하기 위해서 학교장은 개구리를 꺼내는 외부인이 되거나 교직원들 스스로 위험을 인지하고 행동하도록 자극하는 역할을 해야 한다. 그러나 학교장이 외부인이 되어 학교 전체를 위험에서 구한다는 것은 불가능할 것이다. 그렇다고 교직원들이 앞으로 닥칠 위기를 인지하고 스스로 빠져나오게 자극하는 일 역시 쉽지 않다. 그럼에도 누군가는 해야 한다면 그것이 학교장이다.

쉽지 않은 일을 성공하기 위해서는 반드시 전략적 접근이 필요하다. 인정하든 그렇지 않든 학교 변화는 시작부터 치밀한 계산과 전략을 준비해야 한다. 전략적으로 접근하는 것에 대해 거부감이나 죄책감을 가지기보다는 조직의 갈등을 최소화하고 변화 에너지를 성공 에너지로 전환시킬 수 있는 영리한 해결책으로 받아들이고 변화의 순간마다 전략적인 접근을 고민해야 한다.

변화과정 살피기

  논리적 접근은 분류하고, 구분하고, 이들의 연결고리를 찾아내는 것에서 시작한다. 그런 다음 공통점과 다른점 등을 구별함으로써 궁극적으로 하나로 관통하는 생각들을 정리해 내게 된다. 해야 할 일들을 분류하고 정리하는 것에 익숙해지면 해결책도 비교적 구체적으로 생각해 낼 수 있다. 따라서 학교 변화 초기에는 과정을 전체적으로 꿰뚫어 보고 분절적으로 차근차근 접근하는 연습이 필요하다. 물론 이러한 과정들이 반드시 순차적으로 이루어져야 한다거나 두부 자르듯 명확하게 나누어지는 것은 아니지만, 가급적 순서에 맞추어 차근차근 접근하는 것이 실패를 줄일 수 있다.

  변화의 과정은 크게 3가지 과정으로 나누어 볼 수 있다.
  처음으로 구성원과 철학과 비전을 공유하는 것이다.
  단체경기에서 목표 지점이 어디고 다른 사람의 역할은 무엇인지를 공유하는 것이 중요하듯이 학교 변화 역시 변화 목표와 비전, 구성원들의 역할 등을 공유하는 것이 중요하다. 비전이 확실할 때 사람들은 마음속에 가라앉아 있던 열망을 일깨워 안정의 틀을 깨고 변화의 길을 선택하게 되기 때문이다.

따라서 자발적인 변화의 과정을 꿈꾼다면 비전과 철학 공유에 공을 들여야 한다. 물론 학교장의 강력한 리더십이나 특별한 사람들의 노력으로도 변화는 일어날 수 있다. 그러나 이 변화는 지속 가능하지도 않을 뿐더러 때에 따라서는 험난한 과정을 견디지 못하고 결국 실패하게 될지도 모른다. 비전을 공유한다는 것은 같은 꿈을 꾼다는 것이기 때문이다.

나의 경우 기관의 장이나 책임자로 부임하면 철학과 비전을 구성원들과 공유하는 시간을 가진다. 대개는 PPT 등을 준비하여 20-30분 정도 하게 되는데 조직의 장으로서의 학교나 조직의 특성을 분석히고 미래 비전과 할 일들을 공유하는 것은 대부분 효과가 있었다. 이 시간에는 여건이 허락하는 범위에서 일반직, 공무직을 포함한 전 직원이 함께 한다. 조리종사원, 사감 등 모든 구성원들이 참석해 전입인사도 나누고 '교문에 들어온 누구든 교육자'라는 생각을 공유한다.

도교육청 과장 시절에 팀장들의 업무 보고 대신 전문직은 물론 일반직, 공무직까지 전체가 둥글게 모여앉아 각자 맡은 업무의 진행 상황과 비전 등을 발표하고 몇 가지 철학과 비전을 공유한 시간은 모두에게 잊을 수 없는 추억을 만들었다. 특히 일반직, 공무직들은 처음 가져보는 시간이라며 업무에 대한 자부심을 가지게 되었다고 뿌듯해 했다.

아래는 금년에 학교에 부임하면서 공유한 자료다. 이것은 나의 교육적 방향과 철학 그리고 비전을 포함한다.

───── 〈우리 학교 발전을 위한 몇 가지 공유거리〉 ─────

1. '따뜻함과 엄격함'으로 가르치고, 대하기
    - 책임과 의무에 대한 확실한 기준
    - 상식, 관행, 관례에 대한 철저한 검토와 의심(시대 변화/우리를 지키는 길)
    - 민원은 없다. 민의만 있을 뿐(그들이 아프다/해결가능하다. 방법 찾기)
    - 화나게 하지 마라.(속상할 수는 있다)

2. 상상력과 질문으로 교육하기
    - '과연?' 학교와 학생을 위해 필요한가? - 그들만의 잔치?
    - 정책 수립 시 한 달, 한 학기를 넘어 미래에 대한 철학적 통찰
     (담당이기주의/과목이기주의/과이기주의에 대한 질문과 반성)
    - 교직원, 학생, 학부모 등 구성원에 대한 파급 효과 신중하게 고민
     (늘어날 절차/과정/업무강도에 대한 모니터링)
    - 사람에 따라 바뀌는 것이 아닌 시스템으로 돌아가게 하려는 노력

3. 적정 예산 편성과 집행
    - 예산은 숫자로 표시된 정책
    - 책무성과 가성비(효과성)에 대한 균형 감각
    - 교사와 일반직, 공무직 등의 공존 시스템(행정실, 교무실 협조 이해관계)

4. 바른말, 좋은말, 한글말 사용
    - 한글사용 확대(외래어/외국어)

- 공문은 공무원의 의사 전달 과정이므로 3정(정시성, 정확성, 정통성) 확보 → 형식, 맞춤법, 문장, 전달성, 발송처 등 확인
- 상호간(특히 학생)에 자존감 올리는 좋은말 쓰기

5. 협업을 위한 전문적 학습과 시스템 작동
- 협업이 가능한 시스템 작동하도록 노력(실간/부서간/사람간/직능간)
- 교과별/ 주제별 학습공동체/연령별/취미별 공동체 장려
- 매주 금요일 연수/공동체 활동의 날

6. 혁신과 개선에 대한 고민
- 과거로부터 해오던 것은 이유는 있다. 그러나 시대는 변했다.
- 공무원은 있는 자리에서 사과나무 한 그루 심는 사람!
- ⊕ 를 기억하라. 가로(다른 학교는?) 세로(과거 현재 미래는?) 원(법령은?)

7. 민원은 없다. 민의만 있다.
- 공무원의 자세, 역할, 기능(학생도 학부모도 민원인, 의견 제안인)
- 공무원은 국민에게 서비스하는 사람, 교사의 학생에 대한 서비스는 의무
- 전화 즉시 받는 시스템, 업무 공유, 학부모 안내 등
- 홈피 정비

※ 내가 꿈꾸는 우리 학교
강점을 키우는 학교(격려)
실패를 도전으로 바꾸는 학교(관용)
명확한 결과를 창출하는 학교(열정)
미래의 표본이 되는 학교(혁신)
정의를 실천하는 학교(책임)

<2021. 2. 교육과정 함께 만드는 주간, 학교장 비전 시간 중 활용자료>

또 중요한 변화를 시도할 때 교직원들과 쿨 메신저, 각종 회의, 소그룹 면담 등 다양한 경로를 통해 의미, 철학, 향후 과정 등을 자주 공유하는 것이 좋다. 또 학부모나 학생들도 중요한 동반자이기 때문에 필요할 때 다양한 방법으로 철학과 비전을 공유해야 한다. 부임하면 인사차 가정통신문을 보낸다든지 홈페이지에 '학교장 통신란'등을 만들어 교육에 관한 철학과 비전을 공유하는 것도 한 방법이다.

> 존경하는 학부모 여러분! 안녕하십니까?
> 저는 금번 9월 1일자 OO고등학교 교장으로 부임한 가경신입니다. 일일이 찾아뵙고 학교 현안에 대해 상의도 드리고 고견도 들어야 하지만, 여건이 허락하지 않아 우선 지면으로 인사드리게 되었습니다.
> OO고등학교는 50년의 역사를 가진 유서 깊은 학교로서 -중략- 저는 이러한 명문 고등학교 교장으로 부임하게 되어 자부심과 함께 막중한 책임감을 느끼고 있습니다.
>
> 저는 이번에 부임하면서 우리 학생들에게 3가지를 강조한 바 있습니다.
> 지금 여기 이 자리에 있는 자기 자신을 존중하고(Respect yourself)
> 가족을 포함한 타인을 존중하며(Respect others)
> 자신이 속한 조직인 학교를 존중하라(Respect your school)는 것입니다.
>
> 또한 교직원에게는 행복학교를 만들기 위해 함께 노력할 것을 부탁드렸습니다. 학생의 성취를 위해 교사의 삶이 방치되거나, 교사가 편하자고 학생의 꿈을 소홀히 하지도 않아야 하며, 자식의 성공을 위해 부모의 인생이 묻혀서도 안 된다는 것이 평소의 저의 교육 철학입니다. 배려와 존중으로 조직 구성원 한 명 한 명이 진정으로 행복한 학교가 제가 꿈꾸는 학교입니다. 학교는 궁극적으로 학생들 하나하나가 행복한 삶을 살아가기 위한 지식과 지혜를 배우는 곳이라는 신념을 가지고 있습니다. 그래서 저는 우리 아이들과 함께 다음과 같은 교육 활동을 하고자 합니다.

첫째, 진학이나 취업에 필요한 실력을 쌓기 위해 학업에 전념할 수 있는 환경을 만들고, 프로그램을 투입할 것이며,

둘째, 창의성과 다양성을 요구하는 미래 사회 적응을 위해 지혜를 쌓고, 단기적으로는 변화하는 대입제도에 대비하기 위해 다양한 체험학습과 동아리 활동 등을 전략적으로 지원할 것이며,

셋째, 스스로 행복감을 느끼는 사람으로 성장하게하기 위해 자기 리더십 훈련을 강화하고 봉사활동을 장려할 것입니다.

저는 고등학교는 아이들이 사회라는 다소 거칠고 냉혹한 세상에 나가기 직전 마지막으로 조건 없는 사랑을 받을 수 있는 유일한 사회조직이라 생각합니다. 저를 비롯한 우리 학교 교직원 모두는 우리 아이들이 학교에서 보낸 시간들이 삶에서 가장 행복했던 시간, 가장 보람 있었던 시간, 가장 열정을 쏟았던 시간으로 기억될 수 있도록 최선을 다할 것을 약속드립니다.

아이들을 잘 키우는 일은 세상에서 가장 보람 있는 일이면서 또한 가장 어려운 일이기도 합니다. 학부모님들께서도 저희들과 함께 손을 잡고 우리 아이들이 지역의 인재, 더 나아가서 세상에서 가장 행복한 인재로 성장할 수 있도록 도와주십시오. 내 자식만이 아니라 우리 학교 아이들 모두를 자식으로 생각하셔서 따끔하게 혼도 내시고 가르쳐 주십시오. 무엇보다 항상 사랑으로 감싸주시고 기다려 주시면 기성세대인 우리를 능가하는 훌륭한 인재로 성장할 수 있을 것이라 확신합니다.

학교는 열린 공간이며 학부모와 지역사회의 관심으로 성장하는 조직입니다. 학교 발전을 위한 고견이 있으시거나 격려해 주실 일이 있으면 언제든지 방문해 주십시오. 또한 도서봉사, 평생교육, 학생 상담, 재능 기부, 학습 멘토 등 다양한 영역에서 학부모님들의 지원을 기다리고 있습니다. 여러분들의 관심과 지원이 우리 학생들이 '행복한 인재'로 성장하는 밑거름이 될 것입니다.

〔2011.9월 부임가정통신문 중에서〕

지난 여름은 정말 무더웠습니다. 운동장의 백일홍은 백일을 못 가고 꽃이 지고 말았습니다. 영영 오지 않을 것만 같던 가을이 오고 있습니다. 아직도 더위는 가시지 않았지만 그래도 가을은 가을입니다.

찬바람이 불기 시작하니 어느새 추수 걱정을 하게 됩니다. 학교에서의 추수는 고3 아이들 원하는 대학교 잘 보내는 것이고 1, 2학년 아이들 마음 준비 시켜 올려보내는 것이겠지요. 아이들이 커가는 모습은 신기하기만 합니다. 1학년 아이들이 새교복 입고 눈 동그랗게 뜨고 호기심 어린 눈으로 교장실 기웃거리던 것이 엊그제 같은데 벌써 어른처럼 굽니다. 하고 싶은 일을 찾았다며 제법 의젓하게 진로를 설명하기도 하고, 퇴근할 때 차 조심하라며 제 걱정도 해 줍니다. 정말 세월보다 위대한 스승은 없는 듯합니다.

그간 많은 일들이 있었습니다. 대체로 자랑하고 싶은 일들이 많았지요. 학교 소식란을 보시면 좋을 것 같습니다. 또 여러 가지 소식은 3번 발행해서 댁으로 발송해드린 '웃음꽃 소식'에서 받아보셨지요? 금년에는 항상 웃음꽃 만발한 학교로 만들고 싶다는 저의 소망이 이루어지고 있는 것 같아 행복합니다.

지난주까지는 고3 아이들 1차 수시 원서 접수가 있었습니다. 아이들은 저마다 6개의 원서를 어디다 넣어야 할까 두려운 마음으로, 조금은 후회하는 마음으로 원서를 쓰느라 바빴습니다. 선생님들도 아이들만큼이나 걱정하며 노력하며 시간을 보냈습니다. 저도 아이들 자기소개서 봐 주는 시간을 냈고, 모든 선생님들이 달라붙어 아이들을 지도했습니다. 11시가 넘도록 아이들 상담에 면접지도에 고생하는 선생님들 보면 미안하고 고마운 마음뿐입니다. 아이들과 선생님들 그리고 부모님들의 노력이 하나도 바닥에 떨어지지 말라고 기도하고 또 기도하고 있습니다. 함께 기도해 주십시오.

살다보면 함께 나누는 긍정적인 생각들이 기적을 만들곤 하지요. 그게 아마도 기를 모으는 것이 아닌가 싶습니다. 책에서 알려주는 성공의 비밀은 '긍정적인 생각과 간절한 믿음이 강력한 힘을 발휘한다'는 것입니다. 아이들과 선생님들은 긍정적인 생각으로 힘차게 달릴 테니 부모님들은 간절한 믿음으로 후원해 주십시오.

앞으로 자주 통신 띄우겠습니다. 학교는 언제나 열려 있으니 찾아주시고요.

내일부터는 완연한 가을이 된답니다. 아름다운 가을에 또 행복해지십시오

〔2013. 9월 학교장 통신 중에서〕

두 번째 과정은 실행이다.

변화에 있어 실행은 무엇보다 중요하다. 아무리 멋진 발전적인 비전을 공유하고 구성원 모두가 뜨겁게 공감한다 해도 실행하지 않으면 성공은 없다. 어설플지라도 당장 실행해야 한다. 천 리 길도 한 걸음, 시작이 없으면 끝도 없다는 말은 진리다. 실행이야말로 성공을 보장한다. 모든 것이 완벽해질 때를 기다리면 변화는 시작도 할 수 없다.

예를 들어 원격수업을 컨텐츠 업로드형에서 실시간 쌍방향 방식으로 변화해야 한다면, 준비된 사람부터 준비된 기자재로 우선 시작해야 한다. 첫걸음을 떼야 무엇이 더 필요한지 무엇이 보완되어야 하는지를 알 수 있다. 실행은 변화의 정점이다. 주저하지 말고 당장 실행하라.

그렇다고 무작정 행동으로 옮길 수는 없다. 실행을 위해서는 정교한 실행 계획을 세우는 것이 우선되어야 한다. 정교한 실행 계획이라고 해서 형식을 잘 갖춘 계획서를 의미하는 것이 아니라 정확한 정보와 자료, 논리적인 분석, 법령과 인적·물적 상황 검토를 통해 실행 가능한 방법을 제시한 계획서를 의미한다.

좋은 집을 짓기 위해서는 시공사도 중요하지만 좋은 설계도가 필요한 것과 같다. 집을 한 번 지어본 사람들은 죽기 전에 다시는 집을 짓지 않겠다고 한다지만 내 경험으로 좋은 설계도는 건축의 고통을 반 이상 줄일 수 있다. 실행 계획은 변화의 설계도다. 따라서 구성원의 철학과 비전을 담아야 함은 물론 자원(인적, 물적)과 환경(지리, 역사), 시대(변화, 요구), 법령이나 지침 등 필요한 자료를 설문, 통계, 문헌탐구 등을 통해 많이 수집하고 갈무리함으로써 만들어진다.

좋은 집을 짓기 위해서는 건축주와 건축사가 많은 이야기를 나누면서 집에 대한 생각과 철학을 공유하는 과정이 필요하다. 설계는 건축주가 살고 싶은 상상 속의 집을 땅, 재정 상황, 자재 공급 가능 유무, 건축 법규 등 여러 정보를 바탕으로 현실화하는 과정이기 때문에 필요한 정보를 정확하게 가능하면 많이 수집해서 도면에 담아야 실패를 줄일 수 있다.

마찬가지로 비전과 철학 공유는 물론 실행 계획을 만들 때 많은 정보를 얻기 위한 질문이 필요하다. 예를 들면 학생과 교사를 포함한 우리 학교의 인적 구성원의 특성과 요구는 무엇이고 우리 학교의 과거와 현재의 모습은 어떠한가? 또 현재와 향후 가용한 예산과 시설은 어느 정도인가? 학교의 지역적 위상과 요구는 무엇이며 기대에 부응할 준비는 되었는가? 지역의 활용 가능한 인적 물적 자원은 무엇이 있으며 활용체계는 갖추어져 있는가? 비슷한 규모나 상황의 다른 학교들의 실패와 발전 과정은 어떠했는가? 사회와 역사 속에서 우리 학교의 역할은 무엇인가? 와 같은 질문에 답할 수 있는 자료들을 다양하게 수집하여 객관적으로 분석하여 실행 계획을 만든다면 실패 확률을 줄일 수 있다.

또 실행과정에서 기억할 것은 필요한 제도를 만들거나 정비하는 것이다[5]. 학교의 제도를 정비하거나 새롭게 도입하는 것은 변화 단계에서 매우 중요하다. 기존의 것들을 살펴보고 지나치게 복잡한 절차는

---

5) 기존 제도의 정비도 포함한다. '만든다, 창조한다'는 것에 지나치게 결벽증을 가질 필요는 없다. 우리네 평범한 사람은 전문가가 만든 것을 약간 손보는 것만으로도 충분한 창조의 기쁨을 누릴 수 있다.

없는지, 관행으로 비효율적이지는 않은지, 지나치게 표준화되어 학교 상황에 맞지 않는지, 구성원이나 학교 상황은 충분히 반영되어 있는지 등을 세심하게 살펴보아야 한다. 그런 다음 필요한 경우 제도를 정비하거나 충분치 않은 경우 구성원의 토론을 거쳐 새로운 제도를 만들거나 도입해야 한다. 옆 학교든, 다른 회사든, 글로벌 기업이든 적용 가능한 것들을 과감하게 살펴보고 검토하는 것도 좋은 방법이다.

관행에 대한 강한 의심을 통해 스스로 변화하는 것이 좋겠지만 다른 학교나 교장들의 성공을 과감하게 따라 하는 것도 나쁘지 않다. 1등이 있지만 2등, 3등도 실패자는 아니기 때문이다. 변화의 대열에서 이탈하지 않고 함께 달린다는 것이 중요하다.

사람들은 적절한 제도와 틀 안에서 가장 합리적으로 기능하는 경향이 있다. 그러므로 제도와 틀을 손보고 절차를 합리적으로 만드는 것에 변화의 성패가 달려있다 해도 과언이 아니다. 교무회의 시스템, 부서조직, 교무실과 교실의 배치, 전결 규정, 업무 분장, 회의시간 심지어 사무실 가구 배치와 같은 유형, 무형의 제도들도 변화에 효과적으로 작동할 수 있도록 손 봐야 한다.

인간은 의미 있는 일을 통해 타인과 연결되고 소속감을 가지려 하며 자신의 일이 공동체의 발전이나 조직의 성과에 기여하기를 바란다. 따라서 학교 변화를 위한 실행력은 통제와 관리를 통해서가 아니라 자발적 동기를 유발할 수 있는 제도와 환경에서 나온다.

또 성공적인 결과를 만들어내기 위해서는 꾸준히 하려는 의지가 중요하다. 많은 논란에도 불구하고 1만 시간의 법칙이나 습관을 바꾸기 위한 4주간의 원리 등을 여전히 중요하게 여기는 것은 결과를 확인하기 위해서는 최소한의 시간이 필요하기 때문이다.

변화를 시도하여 실행에 들어갔다면, 최소 한 학기 조금더 여유롭다면 1년 정도의 기간을 살펴보아야 한다. 잠깐의 노력으로 변화가 이루어질 수 있다면 그 많은 실패에 대한 연구와 습관 개선을 위한 피나는 노력이 왜 필요하겠는가? 특히 학교장은 성과에 일희일비하지 말고 중심을 잡는 것이 중요하다.

계획단계에서 과정을 예측하고 실패 요인을 최소화하기 위한 충분한 검토 후 옳은 방향이라고 합의되었다면 일정 기간 흔들리지 않는 뚝심이 필요하다. 특히 외부 요인에 의한 압박이나 장애물은 학교장의 단단한 의지로 막아야 한다.

요즘 리추얼 프로그램(litual program)이 유행이다. 일종의 습관 형성 프로그램이다. 여기서는 다양한 이론에 의해 4주 혹은 100일간 함께 계획하고 실행하고 결과를 공유하며 습관 변화를 꾀한다. 때에 따라서는 이 과정을 도와주고 이끌어 줄 '리추얼 메이커' 즉 조력자나 지원자가 있기도 하고 앱(AP)을 통해 혼자 또는 같이하기도 한다. 학교도 리추얼 프로그램을 적용해 볼 수 있다. 학교장 혹은 학교의 선도그룹이 리추얼 메이커가 되어 변화 습관이 형성될 때까지 지원하는 것이다. 특히 학교장은 교직원들이 자율성과 지속성을 가지고 변화에 동참할 수 있도록 격려하고 지원한다면 효과는 배가될 것이다.

옳은 일을 옳은 방법으로 하고 있다면 학교장 스스로도 인내를 가지고, 자신과 타인에게 신뢰의 신호를 보내야 한다. 긍정적이고 효과적인 선도그룹 활용, 변화 상황에 대한 주기적인 보고, 비전이나 목표를 상기시키는 연수나 집단 토론 등도 지속성을 유지하는 좋은 방법이다. 단기적으로 보이는 결과를 요구하면서 변화에 확신을 가지지 못하는 교직원들을 설득하고 달래며 때로 강력한 리더십을 발휘해야 한다. 어쨌든 단기간에 획기적으로 성공할 것이라고 생각하지는 말아야 한다. 누구에게나 시간은 가장 훌륭한 스승이다.

변화과정의 마지막은 피드백이다.
어제보다 나은 오늘, 오늘보다 나은 내일을 꿈꾸는 것이 교육이라면 더 나은 내일을 위한 피드백은 꼭 필요하다. 무슨 일이든 반성과 성찰이 없다면 발전은 없다. 형식에 구애받지 말고 시간을 내서 반드시 피드백 과정을 거쳐야 한다. 피드백은 완성단계에서도 필요하지만 실행하는 중에도 끊임없이 수정하고 반영해야 한다.

나의 초임교장 시절 별명은 '고래? 교장'이었다. 선생님들이 이런저런 이야기를 하면 귀가 얇은 나는 선생님들 말에 따라 계획을 수정하곤 했다. 원칙이 중요한 일부 선생님들은 교장선생님 때문에 일하기 어렵다고 불평도 했지만, 대부분의 선생님들은 덕분에 학교가 유연하게 많은 것을 받아들이며 성장한다고 좋아했다. 어떤 경우에도 변화와 성장이 원칙을 바꾸지는 않았지만 실행과정에서 아무리 소소한 의견이나 제안이라도 최선을 다해 반영하려 했다. 특히 교직 사회처럼 책임감과 사명감이 높은 집단에서의 피드백은 대부분 성공 확률을 높이게 한다는 것이 내 생각이다. 합의된 변화 방향을 건드리지 않는 선에서 끊임없이 피드백하고 이를 반영하는 것은 변덕이 아니라 성공적 결과를 만들어 내기 위한 전략적 수정이다.

교장들이 교직원들과 어려움을 겪을 때 가장 많이 듣는 말이 '왜 합리적인 과정을 거쳐 의견을 반영하지 않고 독단적으로 하느냐?'는 것이다. 아무리 좋은 결과를 만들었다해도 과정이 생략될 때 성공은 빛을 잃는다.

변화는 비전과 찰학 공유-실행-피드백의 과정을 반복하면서 이루어진다. 이러한 과정들이 촘촘하게 맞물려서 거대한 변화의 톱니바퀴는 돌아가고 학교는 성공을 향해 간다. 반드시 순서를 지켜서 실행해야 하는 것은 아니지만, 어느 한 과정도 중요하지 않은 것은 없으니 건너뛰지 않도록 살피고 챙기는 노력이 필요하다.

보상개념 넓히기

　전략을 실행할 때 자발성이나 지속성을 유지하기 위해서는 적절한 보상체계가 필요하다. 그런데 보상이라는 말에 많은 교사들이 회의적 시각을 가진다. 꼰대의 잔소리거나 이상주의자의 절규처럼 들리지만 어떻든 교육은 사명감을 기본으로 하는 직업군이다. '선서'하는 직업군으로서 물질적이거나 외재적인 보상을 섣불리 논하는 것은 예의가 아닌 것처럼 느껴진다.

　그럼에도 사람은 기본적으로 경제적 동물이고, 게다가 보상에 익숙한 환경에서 살고 있다. 나의 노력보다 얻어지는 가치가(그것이 유형의 재화든 무형의 보상이든) 크면 클수록 참여를 강화하게 된다. 이런 측면에서 학교도 변화에 대한 지속성과 자발성을 유지하기 위해서는 적절한 보상을 제시하고 이를 적시에 제공할 필요가 있다.

　소위 100세 시대에 접어들면서 제 3섹터[6]에 대한 관심이 늘고 있는데 이른바 봉사활동이다. 봉사는 그야말로 아무런 보상 없이 이루어

---

6) 공익활동을 하는 자발적 시민단체(명견만리:정치,생애,직업,탐구편)

지는 가장 숭고한 활동이라고 생각되지만 이것조차 물질적이든 경제적이든 심리적이든 보상을 제공하지 않으면 성공을 담보할 수 없다고 한다. '적절한 보상'은 행동을 동기화하는 건강한 수단이다.

분명한 것은 보상이 물질적인 것에만 한정되어서는 안된다는 것이다. 물질적인 것 혹은 현시적인 보상이 보다 확실해 보이지만 교사들에 대한 보상은 이것을 뛰어넘어야 한다. 특히 학교장은 '교사들에게 제공할 보상이 돈이나 승진점수와 같은 것에 국한되는가?'라는 질문에 가장 먼저 깊이 고민하고 답해야 한다.

물론 돈이나 승진과 같은 것들이 단기적인 추동력이 될 수는 있다. 그러나 학교장이 이러한 보상을 제공하기는 현실적으로 한계가 있다. 게다가 교사로서의 자부심과 책임감, 사명감을 소환하지 않으면 하루도 견디기 어려운 요즘과 같은 상황에서 과연 물질적 보상만으로 충분한 동인이 될 것인가?

사실 교직에도 이미 많은 보상체계가 있다. 물질적인 보상이나 점수에 의한 보상이 변화를 이끌 것이라는 기대로 출발한 성과상여금, 교원평가, 승진 가산점 같은 것들이 있다. 그러나 그러한 정책은 기능을 다하지 못하고 표류하고 있거나, 끊임없는 논란을 만들고 있다. 정책 입안자들이 교사들의 자발성이나 책무성 혹은 열정을 이런 물질적인 보상만으로 이끌어낼 수 있다고 믿었다면 지나치게 낙관적이거나 지나치게 오만하다.

교사가 되었다는 것은 기본적으로 4년간의 양성교육은 물론 중고등학교 시절부터 어느 정도의 사명감이나 천직 의식을 가지고 있었으리라는 것을 추측할 수 있다. 물론 안정적인 직업이라는 이유로, 부모나 성인들의 강력한 권유로 선택한 경우도 많겠지만 그 영향이 많든 적든 그들이 존경하는(혹은 싫어하는?) 누군가의 영향으로 '교사가 되고 싶어서'인 경우가 상당수다.

교사들이 그토록 엄청난 경쟁을 뚫고 교직에 입문한 것이 어쩌면 안정적인 생활 때문인지 모른다. 혹은 그다지 많지 않지만 한 달이 지나면 또박또박 나오는 봉급, 확실히 보장되는 공휴일, 방학 등의 시간적인 여유, 정년보장 그리고 복잡한 세상사에 관여하거나 치열한 성과경쟁에서 한 걸음 물러설 수 있다는 점들로 인해 교직을 선택했을 수도 있다.

그럼에도 교사들은 가끔 자괴감에 빠진다. 아다시피 교사가 되기 위한 관문은 치열하다 못해 처절하다. 그들이 교사가 되기 위한 과정은 단순히 임용시험 합격만이 아니라 중고등학교 시절로 거슬러 올라간다. 어쩌면 초등학교 시절로 아니 유치원 시절로 거슬러 올라가야 할지도 모른다. 대체로 그들은 어린 시절부터 열심히 공부하고, 내신 관리하고, 봉사활동하고, 동아리 활동하며 욕망으로부터 자신을 철저히 통제하면서 힘들게 교대도 가고 사대도 간다. 시골 학교라면 상위 3% 이내에 들지 않으면 교대 입학은 꿈도 꿀 수 없다. 그럼에도 그들은 돈을 더 벌거나 권력을 더 가질 수 있는 직업을 선택하지 않고 교직을 택했다.

또 임용시험은 어떤가? 몇십대 일의 경쟁을 뚫기 위해 대학의 낭만도 포기한 채 도서관에서, 고시원에서, 골방에서 처절하게 공부한다. 게다가 중등교사의 경우 몇 번 아니 많게는 십여 번의 실패의 아픔을 겪은 후 교사가 되는 경우도 허다하다. 그들에게 과연 얼마의 돈과 점수를 주어야 보상이 될 것이며 어떤 대우를 해주어야 만족시킬 수 있을까?

일곱 번 임용시험에 떨어져 공무원 시험을 권유했더니 이번 생애에 어려우면 다음 생애라도 꼭 교사가 되겠다고 대답한 나의 제자는 나를 먹먹하게 한다. 무모하긴 하지만 내 제자의 열망은 언젠가 어떻게든 이루어지리라고 믿는다.

이런 과정을 생각해보면 교사들에 대한 보상은 조금은 다른 방식으로 접근해야 한다. 물론 경제적인 보상이나 시간적 여유 등을 아주 무시하는 것은 아니지만 교사들이 학교 변화의 중심에서 능동적으로 교육활동을 하게 하기 위해서는 지금까지와는 다른 방식의 고민이 있어야 한다고 생각한다. 숨 돌릴 새 없이 쏟아지는 과다한 업무, 자존감 떨어지는 반복된 일상, 정체성 없는 잡다한 역할로 침체되어 있는 교사들을 펄떡이게 하는 보상은 과연 무엇일까?

가장 먼저 교사로서의 소명감과 책임감 그리고 헌신을 인정하고 열정에 진심을 다해 감사하는 것이다. 지나치게 이상적으로 보이겠지만 교사들에게 학교장이 줄 수 있는 최고의 보상은 전문가로 인정하기, 의견에 귀 기울이기, 성장에 박수 치기, 그들의 제안과 선택을 믿고 기다리기와 같은 매우 추상적이지만 현실적인 것들이다.

  이러기 위해서는 학교장의 교사관 정비가 필요하다. 성선설과 성악설의 논쟁을 떠나 교사들을 선한 의지와 소명 의식을 가진 주체적인 전문가로 인정하면 학교장이 줄 수 있는 보상체계의 스펙트럼은 훨씬 넓어진다. 교사라는 직업은 누가 뭐래도 전문직이면서 천직이기 때문이다.

  세상에서 아무리 교사들을 폄하한다 해도 학교 현장은 사명감, 천직의식이라는 말이 아니면 절대 설명하기 어려운 광경들이 하루에도 수십 번씩 일어난다. 물론 어느 집단에나 있는 15%의 이단아들을 침소봉대할 필요는 없다. 자존감의 고양, 여유로운 환경, 정신적 지지, 심리적 안정, 가르칠 권리의 인정, 제자의 성장에서 맛보는 행복감, 사회에 기여한다는 공익적 보람과 같은 것들을 기반으로 열정을 쏟아내는 교사들이 생각보다 아주 많다. 이들을 따뜻한 눈으로 찾아내서 따지거나 파헤치지 말고 있는 그대로 믿고 격려해 주는 것이 학교장이 줄 수 있는 가장 큰 보상이다.

  공연히 젊은 선생님들에게 '나 때(라떼)' 이야기 하며 잘난 척, 용감했던 척, 의로운 척 하지 않기를 권한다. 육아휴직 한 달로 아들딸 낳아 키우라고 하던 우리 시대는 지나치게 야만적이다. 버스고, 집이고, 사무실이고 담배를 피던 시절은 그야말로 호랑이가 담배를 피우는 동물스런 세상이었다. 상사가 퇴근해야 퇴근하고 학교장이 수저 들 때까지 기다리라던 시절은 가난의 역사다.

우리가 그토록 정성을 들여 가르친 우리의 제자들이 성장해서 그들의 아름다운 세상을 만들려 한다고 생각하면 젊은 교사들의 도발(?)이 아름답고 유쾌하다. 작은 실수를 침소봉대하거나 복종에 대한 은근한 강요, 과거 실수나 행위 들추어내기 따위는 금물이다.

두 번째로 교사들의 자존감을 생명처럼 지켜주는 것이다. '사람은 무엇으로 사는가?'라는 톨스토이의 질문을 교사들에게 대입한다면 교사들의 답은 아마도 자존감이라 할지 모른다. 자존감이 높은 사람은 자신의 행복도도 높지만 창의적이고 자발적이다. 몇 만원 안 되는 예산 사용, 가끔의 출장이나 연가와 같은 복무, 공문서 맞춤법이나 형식 같은 것으로 교사의 자존감을 건들지 말기를 권유한다. 조금은 어설프지만 야심차게 만들어온 계획을 자신의 경험 안에 가두어 섣부르게 수정하지 말라. 요즘의 젊은 교사들은 어느면에서 교장들보다 더 뛰어나다. 한두 명의 시원찮거나 비도덕적인 사람들의 행태를 일반화해서 잔소리하지 말라. 잘못된 행동을 하는 사람이 있으면 정확한 데이터와 법에 기반해서 정공법으로 제대로 가르치면 된다. 학교장의 경험과 연륜은 위험에 대비하거나 난관을 헤쳐 갈 때 빛나는 것이지 새로운 일을 도전하려는 직원들의 기를 꺾는데 사용할 필요는 없다. 도전은 젊은이들의 몫으로 남기자. 교사들의 자존감을 나의 자존감처럼 지켜주는 것이야말로 교사들에게 줄 수 있는 가장 확실한 보상이다.

셋째로 교사들의 노블레스 오블리주 정신을 일깨우는 것이다. 교사들은 특혜받은 사람들이라고 감히 말하고 싶다. 부모로부터 비교적 좋은 머리를 물려받았거나, 편안하게 공부할 수 있는 가정환경에서 성장했거나, 최소한 대학을 갈 수 있는 환경에서 살았다. 중고등학교 시절은 또 어떤가? 학교라는 구조가 상당 부분 공부 잘하는 학생들 위주로 움직여진다. 인정하기 어렵지만 상위 10%의 학생들에게 교육과정은 맞춰져 있고 교사들은 그들을 위해 나머지 아이들을 잠재우고 진도를 따라가기까지 한다. 학교에 따라서는 10%도 안 되는 수능시험 볼 학생들을 위해 3학년 2학기 내내 EBS 교재를 풀고 나머지 아이들은 순하게 잠을 자거나 딴 짓을 해 준다.

교사들이 자신의 능력과 노력만으로 오늘날 교사가 되었다고 생각하는 것은 지나친 능력주의적 오만[7]이다. 우리의 오늘의 자리는 은혜이며 감사고 누군가의 양보로 차지한 미안한 자리다. 굳이 사명감을 들지 않더라도 교사들이 친구들에게, 학교에게, 사회에게 돌려줘야 할 것은 엄청나다. 따라서 교사들이 노블레스 오블리주 정신을 발현할 수 있도록 자극해야 한다. 교사가 무슨 노블레스냐고 반기를 들 수 있다. 그러나 봉급, 여가, 정신적인 압박, 안정성 등의 총량을 따져보면 교직에 있는 우리는 이미 특권층이다. 그래서 학교장은 이들의 책임감과 정의감이 더 나은 세상을 만드는 데 쓰여질 수 있도록 고무할 의무가 있다.

이 지점에서 가장 중요한 조건은 학교장이 교사들을 노블레스임을

---

7) 마이클 샌델, 『공정하다는 착각』, 와이즈베리, 2020

느끼도록 대우해 주고 인정해 주는 것이다. 교사들을 머슴이나 하층민 취급해서는 이들의 사회적 책임감을 끌어낼 수 없다. 교사를 움직이게 하는 힘은 물질적인 보상보다는 인정, 신뢰, 자존감의 보호라는 높은 차원의 심적 보상에서 나온다는 것을 잊지 말자. 동의하지 않을지 모르지만 대한민국이 이 정도 발전하게 된 것은 나를 포함한 이 땅의 교육자들이 내게 주어진 밭 한 뙈기 성실하게 가꾸려는 마음 때문이었다고 믿는다.

교사가 승진점수나 경제적 보상으로만 움직인다면 퇴직 몇 개월 앞둔 김부장님이 햇볕 내리쬐는 운동장에서 열성적으로 축구를 가르치며 보이는 그 웃음을 어떻게 설명할 것인가? 어두운 교무실에서 덩그러니 남아 문예부 아이들이 출판할 책을 교정하며 먹는 이선생의 김밥을 또 어찌 설명할 것인가? 어린 자신의 아이는 친정 부모에게 맡기고 부모에게 상처받고 위태하게 버티고 있는 아이를 붙잡고 오열하는 오선생의 뜨거운 눈물을 어떻게 설명한단 말인가?

알레르기 반응 중에 아나필락시스 쇼크가 있다. 일정한 항원에 반응해서 쇼크를 일으키는 것으로 특히 음식(땅콩, 우유, 계란 등)물과 꽃가루 등에 심하게 반응한다. 사람에 따라서는 이러한 알레르기 항원으로 인해 사망에 이르기도 한다.

어쩌면 교사들은 저마다 다른 취약한 항원 때문에 교직 생활의 쇼크를 경험하고 있을지도 모른다. 어떤 경우는 콩알만한 계란으로 생명의 위협을 받는 아나필락시스 환자처럼 학교장의 자존감 긁기, 창의성 말살, 지나친 위계질서, 권위, 돈이나 점수로 길들이려는 얄팍한 정책들에 의해 쇼크를 경험하거나 심하면 사망하는 지경에 이를 수도 있다. 알레르기는 무공해 환경이나 지나치게 청결한 환경에서 더 많이 발생한다는 연구 결과가 있는 것처럼 교사들의 성장 과정이나 환경을 보면 알레르기에 더 예민하게 반응할 수밖에 없다.

따라서 학교장은 교사들의 상황과 욕구 그리고 그들의 알레르기 항원이 무엇인지를 제대로 파악해서 이들을 이끌 좀더 차원 높은 보상체계를 구축할 수 있어야 한다. 사명감과 전문성, 자존감, 사회적 책임감과 도덕성을 발휘할 수 있도록 해주는 것이야말로 보상의 개념을 좀더 깊고 넓게 확장하는 길이다.

학교장의 교사에 대한 선한 믿음이 없이는 학교 변화는 절대 만들어지지 않는다. 학교장은 진심으로 교사는 무엇으로 살며, 무엇으로 그들을 행복하게 하는가를 살피는 혜안이 필요하다. 그까짓 100만원도 안 되는 예산으로, 10만원도 안 되는 출장비로, 아파서 내겠다는 병가로, 며칠 안 되는 연가로, 의미는 없지만 기꺼이 받아줘도 학생들에게 큰 해가 되지 않을 소소한 제안들로 잔소리하며 길들이려 하지 말라.

대부분의 선량한 교사들을 믿고 의식적으로라도 소명감과 천직 의식에 신뢰를 보내야 한다. 생각도 연습이고 노력이다.

유목화하기

학교에서 변화시키고 싶은 것들이 있을 때, 공통점을 발견하여 대강이라도 유목화하면 변화에 대한 전략을 좀더 쉽게 만들어 낼 수 있다.

변화시켜야 할 것들을 유목화해 보면 크게 절차, 제도 그리고 문화로 나누어 볼 수 있다8). 일반적으로 '절차→제도→문화'로 갈수록 더 어렵거나 시간이 많이 든다. 그러나 이는 편의상의 구분이지 계단처럼 순서가 있는 것은 아니다. 그럼에도 변화를 시도하는 초기에는 학교 상황에 따라 쉬운 것부터 시작하는 것이 좋다.

우선 절차적인 것들에서 시작하는 것이 저항을 줄이며 시작할 수 있는 방법이다. 절차를 정비하고 변화시키는 것은 어느 경우 매우 단순해서 한두 사람의 의견이나 간단한 설명만으로도 가능하다. 그러나 단순하다고 해서 모두 쉬운 것은 아니다. 사람들은 익숙한 절차를

---

8) Todd Whitaker, 『Leading School Change』, Eye on Education 2009

포기하는 것을 싫어해서 문제가 있더라도 바꾸려고 하지 않는다. 어찌보면 절차적인 것들을 바꾸는 데 가장 많은 공을 들여야 할지 모른다. 익숙하고 일상적인 것들을 버려야 하는 아픔을 동반할 뿐 아니라 대개는 초기 과정에서 시도하는 경우가 많아 두려움과 이유 없는 반감이 있을 수 있기 때문이다.

결재 절차, 교무회의 절차, 교육과정 평가회 절차, 졸업식 등의 행사 진행 절차, 가정통신문 발송 절차, 출석 확인 절차와 같은 것은 필요할 경우 간단하게 바꿀 수 있다. 또 인사위원회처리절차, 학교폭력처리절차, 전입학처리절차와 같이 상위법이 있어 고치기 어려운 것도 있고, 진급사정 절차, 상벌점 부여 절차 등은 관습으로 굳어져 바꾸기가 불편한 것들도 있다. 그럼에도 절차에 대해 검토하고 이를 변화시키는 것은 매우 중요하다.

절차적 변화는 처음에는 약간의 저항이 있어도 일단 어느 정도 익숙해지면 과거의 것은 빠르게 사라지고 새로운 절차가 자리 잡는다. 따라서 처음에는 간단하지만 교직원들이나 학생들이 불편해하는 절차들을 바꿈으로써 변화의 신호탄을 쏘고 변화에 대한 긍정적인 분위기를 확산시킬 수 있다.

어느 기관이나 새로 부임하면 건의 사항들이 있기 마련이다. 과거에 시도했지만 무산되었거나 전임 교장에게 이런저런 이유로 쉽게 꺼내지 못한 것들도 많다. 좋게 말하면 변화 요구고 좀 다르게 생각하면 학교장의 변화 의지에 대한 시험대일 수 있다. 나는 어디서든 학생들이나 선생님들의 건의 사항을 하나하나 줄 쳐가며 해결하는 편이다. 가능한 일은 당장, 그렇지 않으면 최소한 한걸음이라도 나아가려고 한다. 제도상, 예산상 불가능한 것은 현재 안 되는 이유와 가능한 시기를 설명함으로써 자신들의 의견이 소중하게 취급되고 있다는 것을 느끼게 한다. 초기의 이런 과정은 구성원들에게 나의 교육에 대한 관점과 변화 의지를 보여줄 수 있는 기회다. 이들의 건의나 요구 사항은 대부분 불합리한 절차나 관행, 시설과 같은 것들이어서 즉시 반영 가능하다.

아래는 지난 4월 대의원회 결과로 가져온 건의 사항 처리 안내 자료다. 이 자료는 학생회와 각급 반장들에게 공유하였다.

대의원회 건의사항 처리 상황 (21.4.2)

<반영>
1) 모든 화장실에 칸마다 휴지 제공(완료)
   - 휴지 공급과 관리는 학년별로 학급 반장 혹은 봉사자들 활용 권장
2) 3학년 화장실 화변기 좌변기(비데)로 5월 중 교체 예정
3) 교내 학생용 정수기는 냉온수기로 5월 중 교체 예정
4) 각반 거울은 희망하는 학급에 제공(수요 조사중) - 크기 60cm*80cm
5) 3학년 TV교체, 에어컨 리모콘, 녹물, 화장실 환풍기 등은 수선 중
6) 각반 화이트보드, 자석, 분필 케이스 4월중 제공(구매 중)
7) 아침 노래 방송(중지 완료)
8) 마스크 생활지도, 세정제 리필 등 방역관련사항은 전교사 협조하여 지도중

⟨수정 반영⟩
1) 화장실 물비누 공급
 - 물비누 관리와 예산 문제로 별도 고형비누 설치 제공

⟨미반영⟩
1) 금요일 석식 제공
 - 조리 종사원 인력 상황에 의해 반영 불가능
2) 점심시간 외출증 없이 학교 앞 슈퍼 출입
 - 코로나 전파 위험과 학생 생활지도 문제로 불허
3) 칠판자동지우개 설치(새로 교체한 칠판이 곡면으로 설치 불가능)
4) 급식 시간 학년마다 다르게 하기 : 3식 학교라 현 인력으로 추진 불가
5) 학교 굿즈 제작 판매 : 상업적 활동이므로 현재는 불가하나, 2022년도 학교협동조합이 설립되면 논의 가능

⟨의견 수렴 후 나중에 결정⟩
1) 2학년 수학여행 추진 건(코로나 상황에 따라 학년에서 결정)
2) 3학년 졸업사진 촬영 장소 변경 건(앨범 업체와 논의 후 학년에서 결정)
3) 하복시기, 생활복, 사복, 머리, 크록스 등교 허용건
 - 의견 수렴 후 등교복 자율화 추진(의견수렴 중) - 5월 등교복 자율화 시행
4) 상벌점제도 폐지 건(의견수렴 후 폐지 예정) - 6월 폐지
5) 생활기록부 마감 전 확인 - 논의 후 규정 안에서 합리적으로 개선 예정

 구성원들의 개선 요구를 안 되는 이유부터 들어 거절하면 변화는 없다. 법적인 것을 제외하면 학교의 많은 절차들은 대부분 학교장을 포함한 구성원의 결심과 철학의 문제인 경우가 많다. 게다가 학교 구

성원들의 건의 사항은 시설물 수선이나 보완, 급식 메뉴나 절차, 학생회 의견 반영 절차, 불필요한 결재선, 머리카락이나 복장의 자율화 등 대부분 그들의 일상생활과 밀접한 것들이다. 이런 의견들을 열린 마음으로 귀 기울여 개선함으로써 마음을 얻으면 변화는 강력한 추동력을 얻는다. 이청득심 (以聽得心)이야말로 학교장 변화-성장 리더십의 핵심이다.

이전 학교에서는 시청각실이 없어 본부교무실에서 회의를 했는데 교무실의 애매한 좌석 배치로 직원회의에 참석하지 않는 교직원들이 많아 불평이 커진 적이 있었다. 다른 교무실에 있는 교직원들은 본 교무실에 와서 아무 곳이나 의자를 끌어당겨 앉다 보니 위치가 애매하기도 하고 회의에 참석하지 않아도 표가 나지 않아 참석률은 저조했다. 급기야는 새로 전입한 교직원들조차 회의에 빠지는 것이 자연스러워지고 있었다. 신기하게도 참석률이 낮다고 불평하는 교직원들조차 참석률을 높이기 위해 시간을 바꾸거나 절차를 바꾸는 것은 불편해했다. 그러나 옳은 일이라면 '과감한 시작'이 필요하다.

몇 명의 회의적인 반응이 있었지만 교무실을 재구조화해서 가능한 범위에서 지정 좌석을 만들고 회의 횟수와 요일, 회의 방법 등의 절차를 개선하여 불필요한 시간들을 최소화했다. 가끔은 상습적 불참 직원이 모두 참석할 때까지 기다리는 '감정적 연출'(20여분 넘게 전원 참석을 기다린 적도 있다)을 하기도 했지만, 무엇보다 절차를 바꿈으로써 직원들의 불만 요인은 줄어들었고 회의문화는 개선되었다.

코로나19 이후로 현장에서는 대면 회의가 불필요하다고 하지만 온라인이든 오프라인이든 함께 정보를 공유하고 의견을 제시하고, 토론을 활성화하여 집단지성을 모으는 일은 조직 변화에 여전히 중요하다.

절차 변화 역시 구성원의 철학과 비전이 반영되어야 하기 때문에 가능하면 구성원이 참여하는 공개적인 논의 자리에 올려놓는 것이 좋다. 만약 학부모나 학생들과 관련이 있다면 그들의 의견을 최대한 반영할 수 있도록 설문조사나 면담 등 가능한 방법을 찾아야 한다. 예산이 필요한 시설 역시 어떤 철학과 비전으로 선택하고 집중하느냐에 달려있어서 옳은 일이라고 판단되면 즉시 실행하는 것이 중요하다.

두 번째로 구조적인 것들이다. 절차적인 것들을 변화시키는 것보다는 복잡하고 어렵지만 필요성과 정당성만 인정된다면 때에 따라서는 의외로 쉬울 수도 있다. 업무분장, 교육과정 편성, 선택교과에 따른 학급인원 배정, 부서조직, 교무실과 교실의 배치 등이 여기에 속한다.

구조의 변화는 사람들이 일하는 방식까지를 변화시키지는 않는다. 융합수업을 위해 수업시간을 50분에서 100분으로 바꾸어도 교사들이 수업을 개선하기 위해 노력하지 않는다면 애초의 목적은 달성할 수 없다. 그저 2시간을 합쳐 놓은 것 외에는 의미가 없다. 또 새로운 교과서를 사용한다고 해서 교수법이 바뀌지 않고 업무분장을 효율적으로 바꾼다고 해서 업무 효율화가 이루어진다는 보장은 없다.

학교의 부서나 조직을 개편해도 결국은 이름만 바뀌고 내용은 변하지 않는 경우도 허다하다. 그럼에도 구조의 변화를 고민해야 하는 이유는 구조의 변화가 학교 변화의 충분조건은 아니지만 필요조건이기 때문이다.

마지막으로 좀더 복잡한 유형이 남아있다. 바로 문화의 변화다. 이것은 가장 어렵고 복잡하다. 수업문화, 학생자치문화, 협의문화, 토론문화 등을 짧은 시간에 변화시키기는 쉽지 않다. 게다가 문화의 변화는 일하는 방식과 정신적인 것들을 포함하기 때문에 때로 가장 강력한 저항을 불러일으킨다. 그러나 절차나 구조 변화보다 파급력과 지속력은 크다. 문화의 변화를 달성하면 향후 여러 가지 절차나 구조의 변화는 문제가 되지 않을 수 있다. 문화란 구성원의 생활이며 철학이기 때문에 문화적 변화가 이루어지면 다른 것들은 사실 큰 의미를 가지지 못한다.

이러한 변화 유형은 우선순위가 있거나 분명한 구분이 있는 것이 아니다. 절차는 구조를 포함하기도 하고 문화는 구조의 변화를 기반으로 출발하기도 한다. 예를 들어 교사들 간의 협업 문화를 만들기 위해서는 결재선을 조정하고, 정기적인 업무협의 시간을 만들고, 업무분장을 조정하고, 좌석 배치를 바꾸는 등의 절차와 구조의 변화를 동시에 고민해야 한다.

변화시켜야 할 것들을 3가지 유형 중 어디에 속하는지를 나누어 보는 것은 유용하다. 일반적으로 세 가지를 명확하게 구분하기 어려운 경우도 많지만 가능한 범위에서 유형별로 구분하여 접근한다면 좀 더 효율적인 변화 전략을 만들어 낼 수 있다. 논리적이고 분석적인 사고보다 감성적이고 통합적 사고를 선호하는 동양식 접근 방법이 좋은 점도 많지만 문제의 원인 파악이나 전략 수립에는 장애가 될 수 있다. 따라서 변화의 초기 단계에서는 개선해야 할 것들을 절차, 구조, 문화 등 유형별로 구분하여 접근하는 것도 권할 만하다.

예를 들면 학교 폭력의 빈번한 발생을 막기 위해 '3무(3無) 운동'을 하기로 했다고 하자. 이것을 3가지 유형으로 구별해 보면 다음과 같다. 3무 운동에 대한 정의와 홍보, 상벌 규칙, 실행 순서 등에 대한 절차 개선, 업무 분장 개편, 효과적인 상담을 위한 상담실 위치 변경 등의 구조 변화, 그리고 폭력을 용납하지 않고, 서로를 존중하고 배려하는 학교문화 조성 등이 동시 다발적으로 기능해야 목표를 달성할 수 있을 것이다.

지난 학교에서 담장 없애기 사업으로 울타리 대용 어린 생나무를 심었다. 담이 없는 데다 나무가 어려 키가 작다 보니 운동을 하러 오는 주민들이나, 학생들이 밟고 지나다니며 길을 만들어 나무를 부러뜨리기도 하고 위험하기도 했다. 학생들은 교육을 하거나 벌을 주어서라도 막을 수 있다지만 주민들은 어찌할 도리가 없었다. 그들의 시민의식을 기대하기에는 질러가는 편리함의 유혹이 너무 컸다. 게다가 학생들이 어른들의 잘못된 행동을 보고 배우는 것이 가장 큰 문제였다.

우리는 구조를 바꾸기로 했다. 나무 사이사이에 철조망을 치고 안내문을 만들어 붙였다. '이곳을 넘어 다니면 철가시로 다칠 수 있으니 조심하십시오.' 처음에는 잘 다니는 길을 막았다고 주민들의 불평이 있었지만 점차 넘어 다니는 사람이 없어졌고 철가시를 제거해도 충분할 만큼 나무도 자랐다. 철가시 설치라는 구조 변화를 통해 보기 좋게 나무가 자라 자연 친화적 환경도 만들었고 결과적으로 길이 아닌 곳을 무단으로 횡단하지 않는 시민의식도 가지게 된 것이다.

학교의 물건은 편리해야 한다. 요즘은 모든 아이들이 밥을 먹고 양치를 한다. 우리 학교는 3식을 하는 학교라 양치질로 화장실은 노상 인산인해다. 식사 시간이 지난 후 세면대 주변은 온통 물바다다. 대체로 학교 화장실이 2-3개의 수도꼭지에 대야 같은 세면대, 게다가 물이 저절로 흘러내릴 수 없는 구조라 물은 사방으로 떨어진다. 아이들 탓만 할 수도 없다. 같은 문제가 지속적으로 발생한다면 90% 이상 사람의 문제라기보다는 구조나 시스템의 문제일 수 있다.

학생들이 노상 어지르고 부수는 공간이었던 복도 모퉁이를 적은 돈을 들여 벽지를 바르고 의자를 놓았더니, 아이들이 가장 사랑하는 공간이 되었다. 세면대도 아이들만 탓하기에는 구조가 적합하지 않다는 생각에 약간 고집을 피워 새롭게 바꾸었다(지금은 흔하지만 당시에는 학교 세면대에서는 처음 시도한 디자인라고 했다). 백화점을 가보니 그런 형태가 있길래 사진 찍어서 주고, 견학시켜서 겨우겨우 완성해 놓으니 새롭다. 디자인 변경을 통한 발상의 전환이다. 남자 변기에도 프랑스 공항의 사례처럼 작은 파리가 그려있는 변기로 바꾸었다. 넛지발상이다. 우리 아이들은 이제 불쌍한 파리 맞히는 재미에 빠져 살지는 않을까 걱정이다.

(2012. 9. 학교장 통신중에서)

만약 길이 아닌 곳에 사람이 많이 다닌다면 그곳이 최단 거리거나 편리한 통로일 가능성이 많다. 편리성을 보장해도 큰 문제가 없다면 그곳에 길을 내주어야 하지만 위험하거나 혹은 중요한 가치를 훼손한다면 장애물이라는 구조 변경을 통해 막아야 한다. 하지 말라는데 자꾸 계속되는 것이 있다면 절차나 구조를 먼저 살펴보고 개선하는 것이 필요하다. 싱가포르는 강력한 구조적 통제를 통해 청렴과 시민의식을 유지하는 것으로 유명하다.

학교의 많은 절차나 구조가 공평과 정의, 자율과 인권을 침해하고 있다면 학교장은 전향적인 고민을 통해 구조를 바꾸거나 절차를 바꾸어야 한다. 그래야 진정으로 민주시민을 양성하는 건강한 학교 문화가 만들어질 수 있다.

학교에 많이 붙여놓은 '시험기간 중 학생 교무실 출입금지', '학생 엘리베이터 탑승 금지', '실외화 착용 금지'등과 같은 표시판은 교육적으로 고민이다. '금지'라는 용어의 위압성도 그렇지만 금지했으면 그것이 지켜지도록 벌이든 상이든 제대로 주어야 하는데 현실은 그렇지 못하다. 많은 경우 순진하고 법을 잘 지키는 학생들은 불이익을 당하고 규칙이나 규범을 대수롭지 않게 생각하는 학생들은 이익을 본다. 이런 잠재적 학습이 법을 우습게 아는 불합리한 사회적 관행을 만드는 것은 아닌가 하는 지나친 상상을 하게 된다.

특히 대부분의 학교에 있는 '학생 엘리베이터 탑승 금지'는 내가 가장 거슬려 하는 부분이다. 심지어 어떤 학교는 타면 벌점 부과 혹은 무릎을 꿇린다는 등 엄포를 놓는 문구도 있다. 엘리베이터는 이용하고 싶은 누구나 이용할 수 있는 학교의 시설물이다. 아마도 이런 관행은 엘리베이터 설치 초창기 전기세를 아끼기 위함이거나 고장을 줄이기 위한 것일 것이다. 그럼에도 학생은 안 되고 교사는 된다는 식의 학교 시설 이용은 온당하지도 않지만 금지사항을 지키지 않아도 방치하는 것은 더더욱 교육적이지 않다

우리 학교는 등교하기 위해 꽤 긴 언덕을 걸어 올라와야 한다. 무거운 가방을 메고 힘들게 걸어온 학생들에게 또 3-4층까지 계단으로 올라 가라고 강요하는 것은 가혹하다. 나는 부임 직후 엘리베이터 내에 있는 탑승금지를 명령하는 고압적인 문구들을 제거했다. 엘리베이터는 그냥 아끼고 잘 사용해야 할 우리들의 시설물인 것이다. 시행 후 우리 학생들은 적절히 이용했으며 전기세 폭탄도 맞지 않았고 고장 문제도 없이 학생들의 학교 만족도 상승 요인으로 잘 운행되고 있다. 물론 꼭 필요한 사람이 제때 사용하지 못한다는 논란은 지금도 계속 중이지만 말이다.

이런 경우는 의외로 많다. 선풍기도 없는 교실에서 60-70명이 매 맞아가며 공부하던 우리들의 학교 모습을 그대로 물려주고 있는 것은 아닌가 돌아봐야 한다. 화장실 휴지 제공, 비누 제공, 등교할 때 샌들이나 슬리퍼 착용 등 교사는 되고 학생은 안 되는 것들이 있다면 과감하게 근본부터 고민해서 온당한 교육적 결정을 내려야 한다. 그

래야 학교는 변화의 길로 갈 수 있다.

 만약 학생들의 엘리베이터 탑승을 줄이게 하고 싶다면 오르고 내리는 데 엄청 시간이 걸리는 유압식 엘리베이터로 교체하거나 타기 불편한 위치에 두어 구조를 바꾸는 것도 한 방법이다. 그러나 현실적으로 어렵다. 오히려 계단을 이용한 건강 걷기 문화를 확산시킴으로써 행동 변화를 유도하는 것이 더 효과적일 수 있다.

 학교 변화는 더디지만 민주시민으로서 정당하고 합리적인 방식이어야 한다. 지시나 강제와 같은 방법을 쓸 경우 빠르게 변화하는 것처럼 보이지만 근본적인 변화에는 기여하지 못한다. 오히려 구성원들이 감정을 다쳐 후퇴하거나 냉소적으로 될 수 있다.

역지사지 그리고 측은지심

 사람을 만나고 사람과의 관계를 유지하는 일은 결코 쉽지 않다. 나도 내가 제어가 안돼서 자신감이 있다가 없다가, 내가 좋았다 싫었다 하는 데 하물며 남이 어찌 한결같이 좋기만 할까? 누구를 만나도 살아가는 어려움과 행복은 비슷하다.

 내가 싫으면 상대도 싫고 상대가 단점이 10이면 나도 10이다. 그게 세상 이치다. 완전한 선은 없고 완벽한 해결책도 없다. 부족한 면만 보면 그게 전부인 것처럼 보여 한심해 보이고 화가 날 수 있고 좋은 면을 보면 한없이 좋게 보이는 것이 사람 마음이다. 사람은 자신의 마음 그릇만큼 행복을 누리며 산다.
 요즘과 같은 상황에서 학교장이 행복하게 생활하는 방법은 그리 많지 않아 보인다. 그렇다고 아주 없는 것도 아니다. 바로 언제든 어느 순간이든 '역지사지'하면서 '측은지심'을 가지고 학생이나 교직원들을 대하면 큰 마음 그릇이 나를 행복하게 한다.

사실 역지사지를 제대로 작동하면 소위 갑질이니 내로남불이니 하는 말을 듣지 않을 수 있다. 가끔은 줏대 없다는 소리를 듣지만 어쨌든 나는 난감한 상황이 생기면 습관처럼 상대의 마음이나 그럴 수밖에 없는 상황을 이해하려 노력한다. 또는 이미 일어난 나쁜 상황이거나 상대의 나쁜 행동이라도 '그럴 수 있어.' '충분히 이해해.'하고 털어 버리려 노력한다. 그것이 내가 행복한 방법이기 때문이다.

　역지사지는 삶의 지혜다. 그리고 나를 성장시키는 방법이기도 하다. 역지사지 않고 내 방식만 고집하다가 망신을 당하기도 하고, 상처를 주고받기도 하고, 스스로 부끄러워지는 경험을 할 때가 많다. 세상의 단순한 이치는 내가 싫은 것은 상대도 싫어하고 내가 좋은 것은 상대도 좋아한다는 것이다.

　학생보호자들의 민원도 그렇다. 내가 손자를 낳아보니 요즘 부모들이 아이들에게 왜 이리 벌벌 하는지 알 것도 같다. 어렵게 공부해서 대학 졸업시키고 나니, 취업은 더 어렵고, 취업했더니 결혼은 태산을 넘는 일이다. 늦게 결혼했으니 임신하고 아이를 낳는 것은 태산을 넘기보다 더 어렵다. 게다가 요즘 아이들은 임신 환경이 달라서 그런지 키우기가 쉽지도 않다. 그것도 많이 낳아야 1~2명이니 오죽 귀하고 귀하겠는가? 그런데 자신의 아이가 학교에서 부당하게 대우받았다고 느끼면 이성을 잃을 수도 있겠다는 생각이 든다. 교직을 잘 아는 나도 귀하게 얻은 하나밖에 없는 손자가 학교에서 어찌어찌 대우받았다면 따지고 싶어질 것 같다. 학생들도, 선생님들도 그렇게 귀하고 귀하게 내 앞에 왔으니 요구가 많을 수 있다. 이런 마음으로 그들을 대하면 '민의는 있어도 민원은 없게 된다.' 그리고 조금만 다른 각도로 생각하면 그럴만한 문제들이다. 상대를 먼저 이해하려 노력하면 갈등은 최소화된다.

『명심보감』 성심편에 '사물을 처리하는 요점은 내가 하기 싫은 일을 남에게 요구하지 말 것과 행동해서 소득이 없거든 자기를 반성해서 돌이켜 생각해 보아야 한다'는 말이 있다.
 또 맹자는 '사람을 사랑하되 그가 나를 사랑하지 않거든 나의 사랑에 부족함이 없는가를 살펴라. 사람을 다스리되 그가 다스림을 받지 않거든 나의 지도에 잘못이 없는가를 살펴보라. 행하여 얻음이 없으면 모든 것에 나 자신을 반성하라. 내가 올바를진대 천하는 모두 나에게 돌아온다.'

내가 행복해지고 품격있어지는 또하나의 방법은 측은지심을 가지고 사는 것이다.

맹자의 사단설(四端說)에 의하면 인간은 본성적으로 남을 측은하게 여기는 '仁'의 마음이 있다고 한다. 4단설은 맹자가 주창한 인간의 도덕성에 관한 이론인데 사람에게 4가지 본질적인 마음의 단서가 있다는 뜻이다. 그 4가지 단서는 다른 사람을 불쌍히 여기는 측은지심(惻隱之心), 옳지 못한 것을 부끄러워하는 수오지심(羞惡之心), 겸손히 마다하거나 남에게 양보하는 사양지심(辭讓之心), 옳고 그른 것을 가릴 줄 아는 시비지심(是非之心)이다.

그중 첫 번째가 '측은지심'인데 맹자는 측은한 마음이 없는 사람은 인간이 아니라고까지 했다. 타인의 고통을 공감하고 측은하게 여기는 것은 인간만이 행할 수 있는 아름다운 본성이라는 것이다. 신생아나 어린아이들을 데리고 한 여러 가지 실험에서 아이들은 가르치지 않아도 자연스럽게 남의 처지에 공감하고 측은한 마음을 표현한다고 하니 측은지심은 본성이다. 우리가 고민하는 인성교육의 출발 역시 바로 이런 측은지심을 되찾는 것으로부터 출발해서 '인의예지'를 갖추는 것이 아닐까 생각해 본다. 아이들에게서 일어나는 따돌림이나 학교 폭력도 측은지심을 회복하면 해결될 수 있을 것이다. 서로를 측은해하고 안스러워 하는 마음 즉 어진 마음이 인(仁)의 출발이기 때문이다.

나는 교장실이라는 공간이 따로 있으니 마스크 안 쓰고 지내는 시간이 많다. 그러나 교사들은 종일 마스크 쓰고 수업하랴 학생들 상담하랴 녹초가 되는 것을 생각하면 측은하고 미안하다. 학생들이 일찍 귀가하는 날에는 선생님들께 얼른 조퇴 내고 집에 가시라고 권한다.

아이 키우는 젊은 선생님들이 육아로 스트레스 받는 것을 보면 내가 두 아이 키우며 고군분투하던 시절이 떠오른다. 지금은 그때보다 이런저런 혜택이 생겼지만 사회의 요구도 그만큼 많아졌으니 어려움은 매한가지다. 그들의 피곤이 내 것처럼 측은하다.

측은함은 사랑하는 마음에서 나온다고 한다. 늦게 퇴근해 홀로 식탁에서 밥 먹는 남편이 측은하지 않다면 사랑이 식은 것이라고 하는데, 선생님들의 힘겨운 일상이 측은해 보이면 교장은 선생님들을 사랑하는 것이다. 삶은 그 자체가 고난이고 사람은 존재 자체가 측은함으로 서로 위로하며 살라고 함께 모여 사는지도 모를 일이다.

측은지심은 단순히 져주는 것, 약자에게 던지는 얄팍한 동정심과는 다르다. '옛다!'하고 져주는 것은 겉만 그런 거다. 측은지심은 마음이 통째로 움직여 통째로 너그러워지는 것 그래서 내 삶이 또 상대방의 삶이 넉넉해지는 것이다.

학교장은 역지사지와 측은지심을 가진 학교의 가장 품 넓은 어른이어야 한다. 학교든 집이든 따뜻한 어른과 아름다운 아이들이 서로의 존엄성을 지켜주며 살아가야 희망이 있다. 해와 바람의 우화처럼 결국 따뜻함만이 가슴을 열어줄 수 있기 때문이다.

변화의 6하 원칙

1. 무엇이 문제인가?
2. 어디로 가야 하나?
3. 왜 변인을 고려해야 하나?
4. 언제 시작해야 할까?
5. 누가 시작을 알려야 하나?
6. 어떻게 긍정 에너지를 퍼트려야 하나?

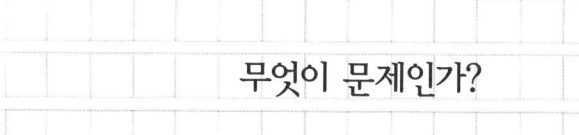

무엇이 문제인가?

　변화의 시작은 무엇이 문제인지를 정확하게 발견하는 것이다. 변화하고자 한다면 우선 무엇이 문제고 문제의 원인은 무엇이며 문제의 양상은 어떠한지 등을 살펴야 한다. 현재의 불편함, 불합리함이 무엇인지를 살펴 문제가 있다고 생각해야 변화 동기가 생긴다. 긍정적인 마음과 현실 안주, 개선을 위한 문제의식과 불평은 전혀 다른 차원이다. 지금도 충분하지만 더 나은 미래를 위해 내가 할 일은 무엇인가를 고민하는 것은 성장하는 사람들의 기본 습관이다.

　그렇다면 문제를 정확히 발견하기 위해 어떻게 해야 하는가? 예를 들어 학교 변화를 시작하려는 교장에게 무엇이 변화되기를 바라느냐고 질문했을 때 '나는 교사들이 잘 가르치고, 학생들은 잘 배우고, 학교가 잘 되기를 바란다'와 같이 두루뭉술하다면 어떻겠는가? 도대체 '잘'이라는 표현 속에 포함된 의미는 무엇인가? 전라도 사투리 '거시기'나 충청도 사투리 '됐슈!'처럼 아는 사람은 다 알지만 모르는 사람은 다 모르는 그것인가?

무엇이 문제인가를 알기 위해서는 먼저 좋은 질문을 해야 한다. 사실에 입각한 정확한 진단과 시대를 꿰뚫는 통찰에서 나온 질문은 문제를 발견하는 힘이다. 인류의 많은 변화가 좋은 질문에서 시작되었다는 것은 진리다. 좋은 질문을 통해 문제를 발견하고 그 문제를 해결하는 과정이 곧 역사 발전이다. 좋은 질문과 나쁜 질문을 정확히 나눌 수는 없지만 좋은 질문은 과거와 현재 그리고 미래 비전을 바탕에 둔다. 조직의 현재 상태는 어떠하고 그것은 어떤 변화의 양상을 보이고 있으며 그 상태를 종단적 혹은 횡단적인 관점에서 살펴보고 미래의 성장과 변화를 지향하는 통찰적인 질문은 좋은 질문이다.

예를 들면 복도를 지나가고 있는데 매우 소란스러운 반을 발견했다고 하자. '아이들이 왜 이리 소란한가?'라는 질문을 하게 된다. 아이들이 소란한 이유는 여러 가지일 수 있다. 담당 선생님이 긴급한 업무를 처리하느라 아직 교실에 들어오지 않아 기다리는 중에 일어난 소란일 수도 있고, 선생님의 지도력 부족으로 수업을 진행하는 중인데도 소란스러울 수도 있다. 경우에 따라서는 모둠활동이나 과제수행을 위해 토론하는 소리가 시끄럽게 들릴 수도 있다. 떠들고 있는 상황에서 '왜?'라고 질문하지 않고, 다짜고짜 떠드는 상황만을 문제 삼는다면 제대로 된 해결책은 나오지 않는다.

'왜?'라는 질문을 통해 떠드는 것이 문제로 인식되면, 원인은 무엇인지 또 해결 가능한 방법은 무엇이지 누구와 함께 협조해야 하는지 등을 종합적으로 생각하게 된다. 단순히 결과에 집중하지 않고 종과

횡을 살피는 통찰적 질문을 한다면 '떠드는 문제'는 상황에 따라서 장려될 행동일 수도 있다. 이럴 경우 떠드는 것을 줄이는 데 초점을 둘 것이 아니라 옆반 아이들이 겪는 '소음 문제'에 집중해야 제대로 된 해결책을 찾을 수 있다.

무엇이 문제인지를 알았다면 다음으로 원인이 무엇인가를 따져보아야 한다. 문제가 발생했을 때 원인이 어디서 비롯되었는가를 찬찬히 살피는 능력은 교장에게 매우 중요하다. 이러한 능력은 훈련이나 연습을 통해 만들어질 수도 있지만 관심과 애정 그리고 편견 없는 인문철학적 사고에서 나온다. 사람은 대체로 '선입견과 편견'이라는 2마리의 개(犬를) 키운다고 한다. 여기서 벗어날 수 있다면 문제의 원인을 살피기는 더 쉬워진다.

처음에는 구분해서 원인을 찾아보는 것도 좋은 방법이다. 구조적인 것인지, 절차적인 것인지, 문화적인 것인지 이도저도 아니고 개인의 편견이나 성향의 문제인지에 따라 해결책은 전혀 다르기 때문이다.

앞에서 예로든 아이들이 떠드는 원인이 교사에게 있다 해도 이것 역시 세부적으로 따져보아야 제대로 된 해결책이 나올 수 있다. 교사가 업무를 핑계로 상습적으로 아이들이 떠드는 것을 방치하는 경우 교사 개인에 대한 개별적이고 심층적인 접근을 해야 하고, 일시적으로 긴급한 업무 처리로 일어난 경우라면 그 시점이 지나면 해결될 수도 있으니 기다리면 된다. 또 선생님이 젊거나 능력 있다는 이유로 지나치게 많은 업무를 맡아서 아이들에게 관심을 두지 못하는 경우라면 업무개선이 필요하다.

　신규 시절 아픈 기억을 나는 잊지 못한다. 군주둔지였던 첫 부임지는 어려운 아이들이 많았다. 고3 수업을 맡았었는데 2-3년 '꿇은'학생도 있었으니 거의 동갑내기를 가르친 셈이다. 기싸움에서 밀리면 안 된다는 선배들의 조언으로 허세도 만만치 않았지만 아이들은 넘치는 열정을 어쩔 줄 몰라 하는 병아리 선생님을 잘 따라주었다.
　그런데 어느날 수업에 들어가 보니 제일 나이 많은 그 학생이 맨 뒤에서 성인 가수 얼굴이 크게 그려진 두툼한 '포크 가요집'을 보며 껄렁거리고 있었다. 나는 수업을 해야 하니 넣어놓고 교과서를 꺼내라고 몇 번 지시했다. 그렇지만 아이는 내 말은 아랑곳하지 않고 노래책을 보며 계속 흥얼대고 있었다. 기싸움에 밀리지 말아야 한다는 생각으로 책을 빼앗아 반을 찢어 동댕이쳤다. 아이는 당황해서 욕설을 내뱉으며 교실 밖으로 뛰쳐나갔고 어찌어찌 수업을 마무리했다.
　다행히 아이는 멀리 가지 않았고 그동안에 쌓은 관계 덕에 수업이 끝나고 함께 이야기를 나눌 수 있었다. 이야기를 듣는 내내 책을 찢고 동댕이친 내가 너무 부끄럽고 슬펐다. 그 책은 DJ가 꿈이던 가난한 그 아이가 겨우겨우 용돈을 모아 산 최초의 책이라고 했다. 선생님한테 욕한 것이 아니고 찢어진 책 때문에 화가 나서 그렇게 했노라고 미안해하기까지 했다.

　사려 깊지 못한 내 행동 때문에 상처받았을 아이를 생각하면 지금도 눈물이 난다. 나의 부끄러운 경험은 기억의 저장고에 숨어 있다가 문제 상황에 반응할 때마다 소환된다. 어떤 문제적 상황이 발생할 때 그 이면에 내가 인간적으로 납득 가능하거나, 납득해야만 하는 원인이 있을지도 모른다는 생각을 하곤 한다. 전후좌우를 살펴 원인을 따진 후에 나오는 문제 해결 방법은 훨씬 합리적이고 이성적이다.

나는 수업 시간에 엎어져 있는 학생이나 자주 지각하는 직원들을 보면 먼저 원인을 알고 접근하려 노력한다. 수업 시간에 엎어져 자거나 자주 지각하는 것은 분명 문제다. 문제를 해결하기 위해서는 혼내서라도 깨워야 하고 서운하지만 벌을 줘서라도 지각하지 않게 하는 것이다. 그렇다고 해서 결과만으로 이들을 벌하거나 훈계해야 하는가?

아침에 엎어져 자는 저 아이가 혹시 어제 밤새도록 부모님이 이혼하겠다고 싸우는 소리를 들으며 두려움과 미움으로 한잠도 자지 못했을 수도 있고, 가장 노릇하는 저 아이의 동생이 아파서 잠을 제대로 못 잤을 수도 있고, 이런저런 이유로 아르바이트로 피곤한 잠을 자는지도 모른다. 혹시 아는가? 첫사랑의 이별을 밤새 겪었을지.

간헐적인 지각으로 속을 긁는 저 선생님의 심약한 아이가 아침마다 엄마와 떨어지지 않겠다고 보챘을 수도 있고, 마음 아픈 아버지의 힘겨운 맏아들 노릇하느라 출근이 늦었을지도 모른다. 어쩌면 나는 지금도 발견된 문제에 대해 전후좌우를 따져보지도 않고, 성급한 결론으로 또 다른 찢어진 포크가요 책을 만들지 않으려고 노력중인지 모른다.

다음으로 중요한 것은 한 번에 한 문제만 집중해야 한다는 것이다. 예를 들면 자주 떠드는 반인데 성적이 낮게 나왔다고 할 때 현재 문제가 되는 것은 아이들이 떠드는 것인지 성적이 낮은 것인지를 먼저 생각해야 한다. 문제가 분명해야 답도 명확하기 때문이다. 떠드는 것이 문제라면 떠들지 않게 하는 데 집중해야 하고 성적이 문제라면 떠드는 것에 집중할 게 아니라 성적이 부진한 이유에 집중해야 한다.

수업 태도보다는 좋은 성적 결과를 기대한다면, 늘 시끌벅적하고 노상 노는 것 같아도 성적이 좋은 반은 문제가 아니다. 그러나 성적은 나빠도 수업 태도가 바르고 최선을 다하는 학생을 키우는 것이 목표라면 이 반은 문제반이다. 따라서 많은 문제 중에 해결해야 할 문제를 선택하고 거기에 집중하는 것이 중요하다.

물론 대부분의 문제는 복합적이다. 그럼에도 처음에는 복합적인 문제를 단순한 문제로 분절하는 훈련이 필요하다. 그리고 우선 순위에 따라 선택과 집중을 통해 문제를 해결해야 한다. 한 가지에 집중해서 해결하다 보면 다른 문제는 부수적으로 해결되는 경우도 많기 때문이다.

다음으로 '문제인지감수성'을 가져야 한다.

정돈 상태가 엉망인 교실이 있을 때 교장은 어지러운 교실을 참을 수가 없는데 정작 담임 선생님은 아무렇지 않아서 속 터지게 하는 경우가 있다. 내 자식들을 생각해 보면 이해할 수 있다. 그 선생님은 어지러운 교실을 문제로 인식하지 않기 때문에 해결할 방법도 찾지 않는다.

 학력 격차, 학습 격차는 늘 있어왔지만 코로나 19 팬데믹으로 인해 격차 문제는 심각한 교육 문제가 되었다. 가정경제의 차이나 부모 역량의 차이로 온라인 환경이나 학습지원이 불평등하게 제공되고 그로 인해 아이들의 미래가 불공정하게 펼쳐질지도 모른다는 것을 문제로 인식하고 질문하는 교사만이 학습의 격차 문제를 해결하기 위해 노력한다. 교사가 문제로 인식하지 않는 문제는 해결책도 찾지 않는다.

 지난해 코로나 19로 학생들이 학교에 올 수 없어 수업이 이루어지지 못하는 문제를 온라인 수업을 통해 해결해 왔다. 우리의 목표가 학생들이 '수업을 이수하는 것'정도에 있다면 제대로 문제를 발견하고 잘 해결했다고 할 수 있다. 온라인 수업이라는 초유의 방식으로 수업을 했고, 교육과정 이수 조건을 어느 정도 충족했기 때문이다.

 그러나 암흑과 같은 초유의 상황을 헤쳐 나와 겨우 숨 돌리며 맞닥뜨린 질문은 '과연 우리가 제대로 교육이라는 것을 한 것인가?' 하는 것이다. 공교육에서 그나마 지켜왔던 빈부의 격차나 능력의 격차를 줄일 수 있는 여러 가지 구조들이 무너질지도 모른다는 불안이 교육계를 덮치고 있다. 우리는 이런 식의 비대면 수업방식이 몇몇 아이들에게 평생 어쩌지 못하는 기울어진 운동장을 제공하게 될지 모른다는 두려운 문제에 직면하게 되었다.

 다행한 것은 많은 교육자들이 이것을 민감하게 문제로 인식하고 있다는 것이다. 문제로 인식했다면 어떻게든 해결책은 찾아질 것이다. 교육에서 일어나는 많은 불균형적이거나, 불공정하거나, 불안전하거나, 불만족한 상황을 문제로 인식하지 못한다면 해결책도 없다. 그래서 교육자들은 교육의 문제에 민감한 감수성을 가져야 한다. 특히 학교장은 현상에 대한 민감한 '문제인지감수성'을 유지해야 하고 여기서 만들어진 좋은 질문을 통해 문제를 발견하는 노력을 게을리 하면 안 된다.

필요하다면 문제인지감수성을 높이기 위한 훈련도 해야 한다. 좋은 동료와의 집단 사고든, 교육이든, 연수든, 독서든 외부자극을 통해 문제를 함께 고민해 보는 것도 문제인지감수성 향상 훈련의 좋은 방법이다.
또 학생들이나 구성원들의 의견이나 제안을 귀담아 듣는 것도 문제를 인지하는 좋은 방법이다.
우리학생들은 나에게 편지나 보고서, 면담 등으로 여러 가지 문제거리를 제공한다. 일상적인 소소한 것들도 있지만 환경문제, 여성과 노동자에 불공정한 기업제품 사용 문제, 기회의 평등 문제, 젠더 문제 등 다양한 분야에서 매우 체계적으로 문제를 제기한다.

이번에는 최근 물류 쎈터와 아파트 지하주차장의 대형 화재가 화재경보기의 잦은 오작동에 따른 안전 불감증이었다는 데 주목하고 문제를 제기하였다. 게다가 우리 학교도 오작동 사례가 발생한 적이 있어 학생들에게 설문을 실시한 결과 1명을 제외하고 경보기가 울려도 대피하지 않는다는 통계를 제시하며 아래와 같이 문제제기를 했다.

- 전략 -

화재경보가 울린다는 것은 화재가 감지되었으니 대피하라는 의미지만, 오작동이 흔하게 일어난다는 이유로 학생들의 화재사고에 대한 경각심은 낮아졌습니다. 이런 상태에서 실제로 화재가 난다면 오작동이니 대피할 필요가 없다는 생각으로 안이하게 대처하고 사고를 키울 수 있다고 생각합니다.

학교 측에서 화재경보기 오작동 문제를 해결할 방안과 화재사고나 안전 불감증 관련한 학생들의 생각을 바꿀 새로운 교육에 대한 의논을 해주셨으면 좋겠습니다. 비록 사소한 의견이지만 교장선생님께서 이 문제를 해결할 수 있는 방안에 대해 고민해 주신다면 더욱 안전한 학교가 될 수 있다고 생각합니다.

(2021. 9. 학생 의견문 중에서)

문제로 인식된 것은 어떻게든 해결책을 찾게 될 것이다. 건물이 낡았다는가 어느 정도는 기계적 오작동이 날 수밖에 없다는 것은 변명이다. 문제로 인식되었으니 국가가, 산업체가, 학교가 함께 고민하고 해결책을 찾아야 한다.

모든 문제에 정확한 해결책을 제시할 수 없을지도 모른다. 그럼에도 인간에 대한 따뜻한 이해와 통찰력을 바탕으로 문제를 제대로 발견하고 합리적인 해결책을 찾기를 권하는 것은 시행착오를 최소화시킬 뿐만 아니라 교장으로서의 품격을 지킬 수 있다. 지나친 후회의 시간은 자존감을 떨어뜨릴 수도 있기 때문이다.

어디로 가야 하나?

　좋은 질문과 통찰적인 이해를 통해 문제가 무엇인지를 정확히 알았다면 다음은 어디로 갈 것인가를 결정해야 한다. 변화의 목표지점은 어디며 많은 길 중 어떤 길을 선택할 것인가 결정해야 한다는 것이다.
　모든 인간사가 그렇겠지만 100년을 기약하는 교육은 제대로 된 방향이 정말 중요하다. 게다가 목적이 있을 때 추동력이 발휘되듯이 가야 할 곳이 분명히 정해지고 갈 길이 확실하다면 효율적으로 변화를 시도할 수 있을 뿐 아니라 성공 확률도 높아진다.

　그렇다면 어디로 가야 하는가를 정할 때 고려할 것은 무엇인가?
　첫번째는 언제나 그렇듯 사람 중심의 철학이다.
　언제나 사람이 행복한, 사람이 존중받는, 사람의 자유로움이 커질 수 있는 곳을 향해 가야 한다.

　두 번째는 확실한 데이터 혹은 근거를 바탕으로 갈 곳을 정해야 실패를 줄일 수 있다.

목표를 정할 때 정확한 정보와 데이터는 실현 가능성을 높이는 방법이다. 일반적인 아이디어가 정책이 되고, 목표가 되기 위해서는 이를 뒷받침할 충분한 데이터와 근거가 필요하다.

나는 새로운 일을 계획해서 추진하려 할 때 '원 안의 십자가 ⊕'를 생각한다.

횡적(-)으로 비슷한 학교나 교육청, 조직에 대한 정보를, 종적(|)으로는 개선이 필요한 부분에 대한 과거와 현재까지의 성과나 실패의 데이터를 수집해서 이를 객관화한다. 이 단계에서 중요한 것은 가능한 정확한 데이터를 많이 수집하는 것과 수집된 데이터나 정보를 객관적으로 분석하는 것이다. 반면에 경계할 것은 아전인수(我田引水)다. 이웃 학교에서 성공했다고 해서 우리도 반드시 성공한다는 보장도 없고, 과거에 비슷한 시도가 실패했다고 해서 현시점에서 실패할 것이라고 예단하지 말라. 무엇보다 데이터를 정치적(?)으로 혹은 밀어부치기용으로 이용하려는 유혹을 버려야 한다. 데이터나 통계를 자신의 주장이나 목적을 달성하기 위해 부도덕하게 이용해 온 정치인이나 선동가의 사례가 많기는 하지만, 최소한 학교 변화의 목표를 결정하는 단계에서는 경계해야 한다.

이렇게 '십자가 +'를 살피다 보면 매우 독창적이라고 생각한 것들이 언젠가 시도했는데 실패했거나, 시도했으나 지속성을 갖지 못하고 사라졌거나, 이미 다른 학교에서 비슷한 과정을 통해 시행되고 있는 경우가 많다.

십자가를 명확히 만들었다면 마지막으로 그것이 법적, 행정적 절차, 지침 등의 테두리(○) 안에서 실행 가능한 것인지를 검토해야 한다. 아무리 좋은 정책이라도 법적으로 불가능하거나, 현재의 교육상황 안에서 실행이 불가능한 것들이 있다.

이렇게 ⊕를 살펴 정한 목표는 실현가능성이 높다.

세 번째 목표를 정하기 위해서는 제대로 된 SWOT 분석이 필요하다. 강점은 무엇인지, 약점은 무엇인지, 기회요인, 위기요인이 무엇인지를 잘 살펴야 한다. 현 상황에서 과도한 것, 하지 못한 것, 잘못된 것, 발목을 잡는 것은 무엇인지, 무엇을 하면 시너지를 낼 수 있는지, 이번이 아니면 놓칠지도 모르는 기회는 무엇인지 등을 자세히 살펴서 갈 곳을 정하고 구성원들의 에너지와 예산, 인적 구성의 특성, 행재정적 절차와 제약 등을 살펴 중장기 그리고 단기적인 목표를 명확히 해야 한다.

네 번째 제대로 목표를 정하기 위해서는 구성원의 집단지성과 토론이 필수다. 토론과 토의를 통해 의견을 모으는 과정이 전제되지 않는 목표는 신기루다. 교장이나 몇몇 직원들에 의해 결정될 경우 다수의 교직원들이나 학생들은 변화에 관심을 두지 않을 뿐만 아니라 실행할 의지도 의욕도 보이지 않는다. 그래서 합의되지 않은 목표는 도달하지 못하는 신기루일 뿐이다.

집단지성이라는 말을 많이 쓴다. 실험으로도 입증된 바 있듯이 집단의 의견은 개인의 의견을 합한 평균과 같다. 집단지성을 통해 목표를 명확히 하는 것은 절차가 복잡할 뿐만 아니라 자칫하면 의지가 꺾일 수 있는 위험이 있지만 학교장 입장에서 보면 매우 약은 행위다. 인간의 집단지성이 언제나 옳다고 할 수는 없지만 생각보다 이기적이거나 게으르지 않다. 게다가 나의 경험으로 볼 때 교사 집단의 지성의 평균치는 언제나 기대치를 웃돈다.

변화를 시작하고자 하는데 교직원들의 추동력이 모아지지 않을 때 집단 회의에 부쳐라. 많은 교사들은 교사로서의 책임을 다하고자 하는 기본적인 직업정신으로 집단 토의는 대체로 평형감각을 가지고 결론을 낸다. 나 역시 이런 방법을 통해 집단의 에너지가 긍정적으로 전환되는 숱한 경험을 했다. 다만 주의할 것은 성급한 결론으로 실망하거나 화를 내지 말아야 한다. 시간은 언제나 인간보다 지혜롭다.

물론 교장이나 몇몇 리더 그룹들끼리 시작하는 것보다 시간이 많이 들고 에너지 소모도 많을 수 있다. 그러나 과정은 결과의 차이를 만들어 낸다. 교직원들이 반대하고 방해할지 모른다는 두려움을 버려라. 정말 필요하고 옳은 일이라면 어떻게든, 언제든 반드시 이루어지게 되어 있다.

주변 몇몇 사람의 부정적인 의견을 듣고 좌절할 필요도 없고 지나치게 외고집으로 밀고 갈 필요도 없다. 학교는 학교장의 것이 아니고 구성원이 함께 그려가는 공동체의 캔버스며 놀이터다.

학교 발전을 위해 필요한 정책이라고 판단되면 학교장의 진심 어린 마음을 다양한 경로로 전한 후에 구성원의 의견을 들어보자. 요즘은 간단한 프로그램을 통한 설문조사가 보편화되어 있어 쉽게 의견을 들어볼 수 있다. 만약 진심 어린 노력이 있었는데도 구성원들이 반대한다면 교육적 효과가 크지 않거나 구성원이 받아들일 준비가 되어 있지 않을 가능성이 크다. 이럴 경우 마음을 비우고 원점에서 다시 살피면서 시간을 가지는 것이 좋다.

왜 변인을 고려해야 하나?

모든 인간의 삶이 그러하듯이 학교의 일상도 결정과 판단의 연속이다. 살다 보면 점심 메뉴와 같은 소소한 결정도 있지만 배우자를 선택하는 것과 같은 중요한 결정도 있다. 학교생활도 습관적 결정만으로도 충분한 것들도 있지만 다양한 변인과 역학관계, 영향력을 고려해서 신중하게 결정해야 하는 것들이 더 많다. 학교장의 가장 중요한 임무 중 하나는 판단과 결정이라 해도 과언은 아니다. 거의 매일 교직원들은 무언가를 결정하기 위해 교장을 찾는다. 어떤 결정은 학교변화의 시너지로 작용기도 하고 때에 따라서는 불화와 반목을 만들기도 한다.

중요한 결정일수록 관계되는 변인도 많고 파급 효과도 크다. 그래서 중요한 결정을 할 때는 반드시 다각도로 변인을 살펴 반대급부나 저항 요소를 살펴야 한다. 어떤 경우 복병처럼 나타난 변인으로 예상하지 못한 방향으로 가는 경우도 많다. 그래서 학교의 많은 결정들은 다양한 변인을 고려해야 한다는 것을 학생이나 교직원, 학부모들과 공유하는 것이 중요하다.

예를 들어 출제오류로 재시험을 본다고 했을 때 잘못 출제했으니 재시험을 보면 된다고 간단하게 생각할 수도 있다. 그러나 재시험으로 인해 손해나 이익을 보는 학생들에게 합리적 설명이 가능한지, 차후의 시험 과정에도 비슷한 요구가 지나치게 반복되지는 않을지, 이의를 제기한 학생이 동료들 간에 비난받지는 않을지 등 다양한 변인을 고려하지 않으면 출제오류에서보다 더 복잡한 상황이 발생할 수도 있다.

그렇다면 결정에 고려해야 할 변인들은 무엇인가?
우선은 사람이다. 이 변화를 누가 가장 반길 것이며, 누가 가장 혜택을 받을 것이며, 누가 가장 소외받는가를 고려해야 한다. 그것도 몇몇 우수한 학생이 아닌 일반 학생들을 고려해야 한다. 무엇보다 학생이 수혜자가 될 수 있는 지점을 먼저 생각해야 한다. 학생, 교직원, 학부모, 지역사회는 교육의 현장에서 협동적인 관계이면서도 때로는 이익단체처럼 행동하기도 한다. 게다가 학교를 직급이나 직종 중심으로 나누어 보면 40여 종의 다른 이해 단체가 한 울타리에 모여 있는 형국이다. 게다가 교육의 가장 큰 수혜자가 되어야 할 학생들은 아직 투표권도, 노조를 조직할 힘도 없는 약한 존재들이다. 그러므로 고려할 변수가 많고 특히 학생들은 목소리가 작다는 것을 알고 이를 반영하기 위해 노력하는 것은 학생들의 배움의 권리를 보장하는 길이기도 하다.
나는 어떤 일을 판단해야 할 때 다음과 같은 기본 원칙을 교직원들과 공유한다.

※ 교장을 제외한 학생 학부모 교직원 등 대부분의 교육공동체가 싫어한다면 오래된 전통이라도 과감하게 폐기한다.

※ 학생과 학부모는 원하는 데 교직원만 싫어한다면 일부 수정해서라도 유지하는 것을 우선 검토한다. 왜냐하면 교직원은 학생과 학부모라는 중요한 교육소비자를 만족시켜야 하기 때문이다.

※ 학생과 교사는 원하는데 학부모가 싫어하는 일이라면 유지하되 법령과 시대 변화를 살펴 설득이 가능한지를 살펴본다. 학부모의 상황인식이나 현실이해 부족인 경우도 있기 때문이다. 전제조건은 학부모 교육을 치밀하고 정교하게 계획해야 한다.

※ 학생은 싫어하는 데 교사와 학부모가 원한다면 폐기를 전제로 하되 꼼꼼하게 따져본다. 이 경우 학생의 발달단계나 미래 환경 변화 등을 살피는데 좀더 많은 시간을 투자해야 한다. 여기서 학생들을 선의의 의지자, 혹은 주체적 결정권자로 인정하고 존중하는 것이 매우 중요하다.

※ 학생은 원하는 데 학부모와 교직원 모두가 싫어하는 경우는 유지를 원칙으로 두고 살핀다. 전제조건은 이런 요구가 나온 배경과 상황을 꼼꼼히 살펴 어른들이 동의하고 협조자가 될 수 있는 조건을 만들어야 한다.

다음으로 고려해야 할 것은 법령이나, 절차, 관습 등이다.
공무원은 법에 따라 국민이 맡겨준 업무를 수행하는 사람이다. 교육공무원인 교사는 당연히 공무원이다. 그래서 교사는 법에 따라 수업을 하고 행정업무를 수행하고 다양한 활동들을 한다. 따라서 변화를 꾀하고자 할 때 교육관련법, 시행령, 조례, 규칙 등과 같은 법률은 물론 교육청의 지침 등을 잘 살펴보아야 한다. 특히 학교장은 이 부분에 정통해서 교직원들을 가르치고 설득해야 한다. 관습도 무시하지 못할 변인 중에 하나다. 고치고 깨버려야 할 나쁜 관습도 있지만 법에 담지는 못했어도 사회적 관계와 선한 의지로 유지해온 건강한 관습도 꽤 많기 때문이다.

이러한 것들을 소홀히 생각하다가 복잡한 상황에 맞닥뜨리는 경우가 많다. 따라서 교육청의 법률 자문을 활용하거나 법제처 홈피 등을 통해 교육관련 법을 꼼꼼하게 살펴볼 필요가 있다. 이러한 부분에 정통하면 직원들을 보호할 힘을 가진다. 일부 학교장들은 '그렇더라!'는 신념이나 풍문에 의해 교직원들의 활동을 제약하고 변화에 주춤거리는 경우가 많다. 어찌 보면 법은 상식을 명문화해 놓은 것이라 할 수 있다. 따라서 불확실한 자신의 경험이나 지식을 전부로 알고 고집부리지 말고 확실한 근거로 설득하라.

또하나 교장으로서 지나치게 소극적으로 법 해석을 함으로써 오히려 교사들의 교육활동을 제약하지는 말아야 한다. 법은 인간의 기본 권리를 보호해주는 중요한 보호막이라는 생각으로 관련법을 잘 살피고 활용할 필요가 있다. 명심할 것은 법이나 규범 등은 인간의 존엄성을 유지하기 위해 상호 신뢰를 바탕으로 한 약속이며 장치인 것은 분명하지만 그것이 영원불변의 진리는 아니라는 것이다.

따라서 학교는 '학생과 교직원'이라는 인간 중심의 조직이고 거기서의 규칙은 그들의 행복과 안전을 전제로 함을 먼저 생각하자. 그리고 법과 제도를 잘 살펴보면 안 보이던 선량함이 보이기도 한다.

마지막으로 파급될 영향력을 고려해야 한다. 이 경우 직접적인 영향만이 아니라 잠재적인 영향도 고려해야 한다. 영향력의 범위나 대상에 따라 결정은 달라진다. 이 일이 새롭게 변화하여 추진되면 파급효과는 어디까지인가? 혹 소외되거나 과도하게 책임이 부과되는 집단은 없는가? 지역사회와 가정에 미치는 영향은 어느 정도인가?

월요일 아침 1교시를 8시 30분에서 10시로 바꾸면 학생들은 물론 부모들의 일상생활에 어떤 영향을 줄까? 매주 금요일 야간자습을 없앤다면 학습량과 질의 변화는 물론 가족문화에 변화가 있을까? 야간자습 시간을 철저하게 희망자 중심으로 운영하면 학생들이 하려에 영향을 줄까? 학생들이 원하는 대로 동아리를 늘리면 교사들은 어떨까? 교복을 없애면 교복 업체는 어떤 반응을 보일까? 등등. 대부분의 결정들은 무균실처럼 그것만으로 한정되지 않는다. 모든 일에는 반대급부가 있으며, 연계성이 있기 마련이고, 학교뿐 아니라 지역사회, 동문, 학부모 등의 이해관계가 복잡하게 얽혀있다. 심지어 사교육업체를 포함한 학교 앞 가게에 이르기까지 지역경제와의 연관성을 배제할 수 없다.

특히 이번 코로나 19로 인한 팬데믹은 세계가 변인 정도가 아니라 상호 한 몸처럼 연결되었음을 깨닫게 하는 계기가 되었다. 온라인 수업의 장기화로 급식 납품업체가 도산하고, 호박 농가는 밭을 갈아엎어야 했다. 현장 체험학습이 줄면서 체험처 종사자는 물론 버스회사도 생계가 막막해졌다. 집에 머무는 시간이 많아지면서 코로나 우울이라는 심각한 심리 장애도 나타났고 아동학대 건수는 증가했다. 세상은 어떤 것도 단순하게 혼자 작동하지는 않는다.

학교장은 그것이 합리적이든 독단적이든 판단하고 결정하는 사람이다. 어느 교장이나 가능하다면 모두를 성장하게 하는 교육적으로 옳고 좋은 결정을 내리고 싶어 한다. 그러기 위해서는 혜안과 통찰력을 가지고 변인을 고려하고 그것들이 서로에 미칠 영향을 꼼꼼하게 살펴야 한다. 게다가 학교장은 일반 조직의 장과 다르게 아이들의 행복한 성장을 가장 중요한 변인으로 고려해야 하는 중요한 책임이 있다.

언제 시작해야 할까?

변화의 목적지를 정했다면 언제 시작해야 할지를 잘 결정해야 한다. 100미터 달리기의 성패는 출발선에서 결정된다고도 한다. 대체로 내용이나 절차, 방법 등 모든 것은 아주 좋은데 잘 추진되지 않는 정책의 공통점은 시작 시점을 잘못 정한 경우가 많다.

한동안 실패한 교육 정책의 예로 '열린 교육'을 거론하는 시기가 있었다. 생각해보면 언제 교육에서 열리지 않아야 할 때가 있었으며 열린 교육을 강조하지 않은 때가 있었는가? 최근의 가장 큰 화두 역시 어떻게 열린 마음으로 교육하고 열린 수업으로 타교과와 융합할 것이며, 어떻게 새로운 기술을 받아들여 수업 방법을 적용할 것인가이다. 심지어 기업의 성공 전략을 어떻게 열린 마음으로 수용할까도 중요한 고민거리다.

이렇듯 열린 마음이 교육발전이 중요한 화두임에도 '열린 교육'은 왜 실패한 교육 정책으로 기억될까?

받아들일 준비가 되어 있지 않은 현장에 '교실의 실제 벽을 허무는 것'에서 시작함으로써 엄청난 예산을 낭비하면서 수업 불능 상태로 만들었다는 비난이 넘쳐났다. 열린 교육의 철학적 관점이나 시대 요구에 대한 논의가 무르익기도 전에 '교실 벽'이라는 물리적 환경을 허무는 것에서 시작한 결과는 '열린 교육 세대'라는 자조적 신조어를 만들고 막을 내렸다.

당시 교육부에서도 '우리가 여러 번 이야기 했잖습니까? 지금 교실 벽을 허물어야 합니다. 돈과 인센티브를 줄 테니 지금 당장 벽을 허무십시오. 그러면 열린 교육은 실현될 것입니다. 만약 벽을 허물지 않으면 지원도 없습니다.' 이런 식의 암묵적인 메시지를 끊임없이 보냈다. 물론 이것 말고도 다른 여러 가지 이유로 저항을 불러일으켰지만 미숙한 출발의 결과는 혹독했다.

요즘의 좋은 프로그램이나 정책들도 출발 시점을 잘 못 정해 제대로 추진되지 못하는 경우가 많다. 융합교육, 토의토론교육, 메이커교육, STEAM교육, SW교육 등도 결국은 교사의 역량과 교육과정, 제도나 시설 등이 어느 정도 갖추어져야 가능하다. 그럼에도 발명실, 메이커실, 3D프린터, 드론 연습장, 코딩실 등 시설구축에 많은 예산과 시간을 쓰고 있다. 사실 돈으로 시설이나 장비를 바꾸는 것이 가장 쉽다. 게다가 결과를 눈으로 볼 수 있다. 그래서 교장들이 학교에 부임하면 시설을 바꾸기 위한 예산을 가져오는 일에 전념한다. 사람을 변화시키거나 교육과정을 변화시키는 것은 시간도 걸리고 눈에 보이지도 않는다. 오죽하면 교육이 백 년을 봐야 하는 큰 계획이겠는가?

초등학교 SW교육을 봐도 정작 가르칠 교사들은 준비가 되어있지 않고 교육과정은 수박 겉핥기다. 물론 환경이든 지침이든 가용하고 접근하기 쉬운 것부터 먼저 시작하는 것도 변화를 위한 전략이다. 그러나 이것 역시 후속 기제가 어느 정도 준비되어 받쳐줄 수 있어야 한다.

그렇다면 언제 시작하면 좋을까? 결론적으로 말하자면 모두에게 똑같은 답을 줄 수 없다. 구성원들의 준비 정도, 외적인 요구, 시대 상황 등을 잘 살펴 현명하게 시작점을 찾는 방법밖에 없다.
마치 어렸을 때 시험성적표 내놓기 가장 좋은 시점을 포착하기 위해 아버지의 기분을 살피고, 엄마의 피로도를 살피는 것과 같다. 언제 내놓아도 혼나기는 매한가지지만, 그나마 강도가 약한 지점을 찾는 것이다. 구성원들이 변화를 받아들일 준비가 어느 정도 되어 있는지를 살펴서 출발 시점을 결정하는 것은, 나와 엄마의 편안한 하루를 위해 종일 엄마 근처를 서성이며 기회를 포착했던 어린 시절을 떠오르게 한다.

경험이 많은 교사들은 학생들의 첫 만남이 이루어지는 3월을 매우 중요하게 생각한다. 그 만남을 어떻게 시작하느냐에 따라 그해의 학급 모습이 달라지기 때문이다. 그들은 새로운 학생들과의 첫 상호작용이 일어나는 첫날이 남은 한 해를 결정할 수 있다는 것을 안다. 학생들은 첫날의 선생님의 태도나 행동, 반응에 따라 끊임없는 힘겨루기가 일어날지 혹은 생산적인 모험의 세계가 열릴지를 기대하게 된다.

성공적인 학교장도 비슷한 방법을 사용한다. 신학년도나 신학기를 진입시점으로 정하는 것이 일반적일 수 있다.

내가 처음으로 교장으로 부임할 때 선배 교장들은 눈 감고 3년 귀 막고 3년이라는 말처럼 1년 정도는 관망하는 것이 좋다고 조언했었다. 그러나 나는 조금 생각이 달랐다. 공립학교 교장은 대개 1년 6개월이나 2년 사이면 이동하게 된다. 학교에 대해 교육적으로 옳은 일을 할 시간이 그다지 길지 않다는 의미다. 사실 처음 3개월이 지나면 변화시킬 것들조차 익숙해져 보이지 않을 뿐 아니라 의욕도 줄어들게 된다. 부임 첫날 학교장의 교육철학과 경영 비전을 소개함으로써 모험과 변화의 여정을 알리며 시작하는 것도 나쁘지 않다.

부임하면 처음에는 교직원들도 새로운 교장이 무언가를 변화시키려 할 것을 예상하고 어느 정도 준비를 하고 있다. 이때 요란하게(?) 아니면 확실하게 시작을 알리는 것이다. 이때 구체적일 필요는 없지만 변화의 방향과 당위성 정도는 알리는 것이 좋다.

또한 안정적으로 출발하기 위해서는 시작을 위한 계획을 만들어야 한다. 평가회는 12월에 해야 한다든가, 부장 선임은 2월에 한다든가 하는 관행 따위는 잊고 변화의 시간표를 역산으로 준비하라.

그러나 어떤 경우든 분명한 것은 구성원들이 어느 정도의 동기와 필요성을 느낄 때 시작해야 한다는 것이다. 고급 음식을 먹을 때 전채 요리가 있듯 여러 경로로 변화의 신호를 먼저 보내고 환경이든, 인적 자원이든, 자본이든, 준비된 마음이든 다양한 요소를 살펴서 적절한 시점에 시작해야 한다. 추상적이긴 하지만 학교마다 조건과 환경이 다르기 때문에 학교장의 상황 판단이 중요하다.

그러나 너무 신중하게 혹은 완벽한 상황을 기다리다 때를 놓쳐서는 안 된다.

누가 시작을 알려야 하나?

학교장이 회의나 연수를 다녀와서 학교에서도 이런 것들을 적용해 보자고 하는 경우가 있다. 간혹 성공하기도 하지만 대개는 실패하거나 심지어 서로 상처만 입고 좌절하기도 한다. 이러니 직원들은 연수 가지 말라고 말리거나 가더라도 졸고만 오라고 농담 반 진담 반 한다. 왜 학교장의 뜨거운 공감과 열정은 제대로 전달되지 못할까? 어떤 경우는 무관심으로 심하면 매우 부정적인 반응을 불러일으켜 그나마 조심스럽게 시도되던 약간의 변화까지 삼켜버리는 걸까?

개그 프로그램에서 웃긴 농담을 듣고 다음 날 친구에게 전달해본 적이 있는가? 대부분은 그만큼 웃기지 않다. 심지어 썰렁하다고 핀잔을 듣는다. 왜? 당신은 전문적인 개그맨도 아닌데다 재능도 전문성도 없다. 게다가 방청객에게 '웃어 주세요, 이때 박수와 함성 주세요.'하며 거들어 주는 스텝도 없다.

아마도 교장은 연수에서 확신에 차서 강의하는 역동적이고 전문적인 강사의 말에 끌렸을 것이다. 혹은 실패와 성공의 경험을 통해 진심을 다해 변화를 강조하는 강사에게 감동받았을 지도 모른다. 연수에 참여한 학교장들은 대체로 학교 변화에 적극적이다. 그러니 강사가 하는 말에 100% 공감했을 것이다. 게다가 학교장 연수에 초빙된 강사들은 그 분야에서 최고의 전문가이거나 프로급 강사일 가능성이 높다.

그런데 현실은 어떠한가? 교장들은 안타깝게도 연수 강사만큼의 전문성이나 설득력, 멋진 포장 기술도 없다. 오직 열정과 약간의 권위만 있을 뿐 그 분야의 실제 경험도 짧고(어느 경우는 아예 없을 수도 있다), 전달력도 부족하다. 게다가 교사들은 변화에 관심이 적고, 너무 바쁘거나 지쳐있다. 그렇다면 학교장이 받은 연수의 감동을 전달하고 교직원들을 변화의 길로 들어서게 할 수 있는 사람은 누구일까?

먼저 학교장이 좋은 강사가 되어 시작을 알리는 방법이 있다. 변화의 시작을 알리기 위해 전문성을 키우고 강의 기법을 익히고 전달력을 높여 직접 변화의 시작을 알릴 수 있다. 교장이 진정성과 전문성이 있을 때 또는 교직원들이 학교장의 변화 의지를 믿고 잘 따르려는 준비가 되어 있을 때 이보다 더 효과적인 방법은 없다.

그러나 이 방법은 학교장의 많은 노력과 시간이 필요할 뿐만 아니라 부담도 크다. 제 자식을 가르치는 것이 제일 어렵듯 소속 직원들을 직접 설득하기는 말처럼 쉽지 않다. 잘못하면 끝에 이르러서는 전혀 다른 메시지가 되는 '말 전달 놀이'와 비슷해질 수 있다.

　학교장의 열정 넘치지만 비전문적인 설득을 어떤 교직원들은 부정적으로 받아들이기도 한다. 심지어 교장의 사리사욕으로 치부하기도 하고, 잘난 척, 아마추어적 욕심으로 비춰지기도 하다. 그래서 이 방법은 매우 신중하게 선택해야 한다. 특히 변화의 시동을 걸어야 하는 초기 단계에서는 적절하지 않을 수 있다.

　다음으로 원하는 분야의 전문성과 능력이 있는 좋은 강사를 초빙하는 방법이다. 좋은 강사의 잘 구성된 연수는 어떤 면에서 효과적이다. 사실 학교에서 행하는 많은 외부 강사 연수는 학교장의 변화 의지를 전문가가 대신 전달해 주는 것이다. 교장이 무슨 말을 하면 잔소리나 명령이 되지만 전문가들이 하는 말은 시대의 흐름이거나 사회적 요구로 받아들여질 수 있기 때문이다.

　나의 경우 교직원들에게 설득이 필요한 경우 좋은 강사를 많이 활용한다. 신문을 보다, 책을 보다, 연수를 듣다 나의 철학과 우리 학교의 변화 방향과 비슷한 사람을 발견하면 다양한 방법을 동원해 그들을 모셔온다. 출판사로 직접 연락하거나 인맥을 동원하기도 하고 인터넷을 뒤져 메일을 보내는 등 가용한 모든 방법을 써서 모셔온다.

　강의료가 예산으로 감당하기 어려운 경우도 있었고 유명 강사들은 이미 스케줄이 차 있어서 어려울 때도 있었지만 대부분 교육적 변화를 갈망하는 학교장의 열정에 강의를 허락하곤 했다. 그러나 기억할 것은 유명한 사람이 다 좋은 것도 아니고 책을 잘 쓰는 사람이 강의를 다 잘하는 것도 아니다. 그러니 강의를 직접 들은 사람 중에 좋은 사람을 섭외하는 것이 제일 좋다. 섭외할 때 학교장의 철학이나 변화 방향, 학교 비전과 상황에 대한 사전 정보를 제공하는 것도 효과를 높이기 위한 방법이다.

신뢰받는 전문가인 그들은 시작을 알림과 동시에 관심을 모은다. 설사 생각과 달리 역량이 부족해도 논란거리는 만들어 낸다. 좋은 강사는 연수의 질을 90% 이상 책임진다. 그러므로 학교의 변화 철학과 맞는 좋은 강사를 모셔 변화의 시작을 알리는 것은 초기단계에서는 권장할 만하다.

또 다른 방법은 내부 전문가를 발굴하여 활용하는 것이다. 학교에서 전문적인 자질과 실천력으로 신뢰가 높은 사람이 교장을 대신해 시작을 알릴 수 있다. 변화가 필요한 분야에 관심이나 전문성이 있는 사람들을 전략팀이나 TF팀으로 조직해서 이들이 먼저 시작함으로써 신호탄을 쏘는 것이다. 사실 이런 사람들은 공식적인 연수나 회의에 앞장서려 하지 않는 경향이 있지만 학교장의 변화철학에 공감한다면 가장 확실한 제 1주자가 될 수 있다. 그러나 시작 초기에는 이방법은 부적절할 수 있다. 이들도 아직은 비전문가이기 때문에 회의하고 주저하고 있을지 모르기 때문이다. 따라서 이 방법은 교직원들이 필요성을 느끼고 탐색을 시작하려 할 때 사용하면 좋다.

또 하나의 방법은 학교의 원로나 고경험 그룹을 움직이게 하는 것이다. 화려한 대형 폭죽은 아니어도 소형 폭죽으로 아름답게 하늘을 수놓으며 축제의 시작을 알리는 장면을 상상해 보라.

이들은 변화를 시작하고 싶어도 혹시 후배들을 어렵게 하는 것은 아닐까? 나서는 것이 주제넘어 보이지는 않을까? 망설이고 있을 지도 모른다. 첫 시작을 알리지는 못한다 해도 이들의 좋은 경험과 후회 없는 교직생활 마무리에 대한 열망을 끄집어내서 최소한 변화의 바람막이 역할을 하도록 해야 한다.

이들과 자주 소통하고 이들의 교직 인생을 소중하게 대하며 이들의 현재의 노력을 최대한 인정하면서 함께 간다면 아마도 이들은 완주할 때까지 가장 느긋하고 여유롭게 동료들을 감싸며 보호막이 될 것이다.

누가 시작을 알리든 분명한 것은 학교가 변화하기 위해서는 비전문가가 부정적인 견해를 먼저 퍼트리게 하지 말아야 한다는 것이다. 누구를 통해 첫 출발을 알리든 긍정적인 마음이 가득한 전문가를 활용해야 한다는 것만은 분명하다.

어떻게 긍정 에너지를 퍼트려야 하나?

훌륭한 교사들이 교실을 어떻게 구성해야 하는지, 학생들을 어떻게 맞이해야 하는지, 심지어 학생들에게 어떻게 눈을 맞추어야 하는지, 어느 시점에 적절한 농담을 해야 하는지까지도 고민하는 것처럼 학교장도 학교 변화를 효과적으로 이끌기 위해 많은 고민이 필요하다. 특히 긍정적인 에너지를 퍼트리는 것은 모든 단계에서 중요하지만 시작 단계에서는 좀더 치밀하게 신경써야 한다. 어떤 조직이든 변화해야 할 이유가 10가지라면 안 되는 이유는 100가지가 될 수 있다. 따라서 안 되는 이유가 힘을 얻거나 영역을 넓히게 놔두지 말아야 한다. 불안과 부정에너지는 1분이면 전염된다면 긍정과 희망은 1달을 공들여야 겨우 전파되기 때문이다.

효과성에 대해 회의하거나 반대하는 사람들이 늘어나면 정책을 시작하기는 쉽지 않다. 찬성파를 반대파로 돌려놓는 것보다 반대파를 찬성파로 바꾸는 것이 훨씬 어렵기 때문이다. 아마도 영화와 같은 기적이 일어나지 않는 한 그들이 부정논리를 쌓기 위해 보낸 시간만큼의 시간이 필요할 것이다.

그래서 초기 단계부터 변화 필요성과 성공을 믿는 긍정 에너지를 퍼지게 하는 방법을 찾아야 한다. 변화에 낯선 상태에서 부정적인 사람들은 잘못된 이야기를 먼저 퍼뜨리는 것은 최악의 경우다. 잘못하면 그런 부정적인 견해가 마치 교육적인 것처럼 온 학교를 떠돌아다니며 발목을 잡을 수도 있다. 그러므로 첫 노출은 의도성을 가지고 변화에 대한 긍정적인 사람들과 긍정적으로 시작해야 한다.

부정적인 사람들을 열외시키라는 것이 아니라 처음부터 이들 때문에 너무 진 빼지 말라는 것이다. 때로는 무시하면서 긍정적인 메시지가 퍼진 다음을 기다리는 것도 전략이다. 열정에 차 있는 사람들이 이제 막 싹을 틔우려고 애쓰고 있는데 굳이 부정적인 사람들을 곁에 두고 의기소침할 필요는 없다.

선도그룹의 긍정적인 교사들은 다양한 방식으로 중간에 있는 사람들을 그들의 편으로 이동시킨다. 그들은 생각하고, 보고, 배운 것들을 보이지 않게 일상을 통해 전파하면서 조직의 중요한 화두를 던지고 다닌다. 특히 학교의 선두주자들이 변화에 긍정적이고 활력을 가지고 있다면 변화는 시간문제다.

이들은 자신의 긍정성을 학교 변화에 기꺼이 쓸 준비가 되어있다. 때로는 쓸모없어 보이는 술자리나 수다자리라 해도 이들의 행동과 대화는 결국 학교 변화와 성장으로 귀결된다. 교장을 흉보는 중이라면 이들은 최소한 학교 변화에 관심이 있다는 것이다. 없는 자리에서는 대통령도 안주가 되는데 교장 흉쯤이야 안주로 푸짐하게 내준들 어떻겠는가? 두려워 말고 공적, 사적의 다양한 모임을 활성화 시켜라. 너무 낭만적이라고 하지 말라. 40여 년의 교직 경험으로 볼 때 잘 모이는 시끄러운 학교는 변화한다.

사실 긍정적인 사람들은 크게 힘들이지 않아도 찾아낼 수 있다. 밝은 에너지, 끄덕임, 행동력, 관심의 눈빛 등 몇 가지 쉽게 눈에 띄는 요소도 있지만, 이들은 '일단 시작해 보자'는 생각을 어떤 방식으로든 표현한다. 이들의 긍정성을 시작의 첫 에너지로 귀하게 쓰기 위한 전략을 구사해야 한다.

긍정 에너지를 공적으로 장려할 수 있는 가장 좋은 형태가 학습공동체다. 전문적 학습공동체나 교사들의 소모임을 적극 지원하고 활성화해서 긍정적인 리더들을 자주, 많이 노출시키기 위해 노력하라. 교과나 수업에 대해 '학습'하지 않은들 무슨 대순가? 등산을 하든, 탁구를 하든, 영화를 보든, 수다를 떨든 긍정적인 사람들의 긍정 에너지, 변화의 열정, 아이들에 대한 사랑을 함께 듣고 느끼는 것만으로도 학습은 이루어진다. 긍정적 지지자들은 방관자로 앉아 있는 중립적인 사람들을 끌어들이게 될 것이다. 그들은 까다로운 사람들과도 기꺼이 긍정성을 나누는 법을 알기 때문에 어떤 공적인 연수보다 탁월한 성과를 낸다.

아울러 학교장이 직접 직원회의나 연수에서 변화를 위한 아이디어를 소개할 때도 가능하면 긍정의 언어로 희망의 소리를 전하라. 물론 매번 달콤하고 좋은 말만 하라는 것은 아니다. 부정적인 지표나 통계가 사용될 수도 있다. 그러나 결론적인 메시지는 긍정적이고 희망적이어야 한다. 혀끝에서 나오는 장밋빛 청사진이나 아부성 칭찬을 비전을 담은 긍정 메시지와 혼동하면 안 된다. 교사 집단은 아마도 현존하는 직장 중에 몇 안 되는 고학력 집단일 것이다. 그러므로 현혹하려 하지 말고 진정으로 비전을 제시하고 긍정적인 에너지를 나누라.

학교를 성장시키는 진정한 힘은 일 처리 능력이나 수업 능력이 아니라 변화하고자 하는 긍정적인 마음이다. 모든 새로운 일들은 잠재적인 부작용이 있다. 읽기와 쓰기 시간을 늘리면 다른 시간이 줄어들 것이고 새로운 프로그램을 도입하기 위해서는 개인의 시간을 희생해야 하며 절차를 바꾸기 위해서는 낯설음에 적응할 시간이 필요하다. 따라서 변화는 긍정적인 부분과 부정적인 부분을 모두 가지고 있다. 때에 따라서는 긍정적인 부분에 대해서는 누구나 알고 있어 설명이 필요가 없을 때도 있다. 그럼에도 첫 노출은 긍정적인 면을 강조해야 한다.

그렇다고 사실을 왜곡하거나 부정적인 면을 소홀히 하라는 것은 아니다. 변화를 시작할 때 장애물이나 문제에 대비하는 것은 중요하다. 장점만 있는 정책은 비현실적이거나 확장성이 없다. 누군가 결과를 의심하거나 걱정을 한다면 현 상황에서 거론되는 부정적인 사항들은 학교장도 충분히 알고 대비하고 있으며 차차 논의할 수 있다는 점을 알려야 한다.

철학자 카를 포퍼는 '행복은 무엇을 가지고 있느냐에 의한 것이 아니라 무엇을 가지고 있지 못하느냐에 따라 결정된다'고 했다 '자기가 가진 것을 사랑하면 행복하고, 자기가 가지지 못한 것을 사랑하면 불행하다'고도 한다. 현재에 대한 긍정성은 개인의 성공과 발전을 위한 최대 무기인 것처럼 조직의 긍정성 역시 성공의 최대 후원자다. 특히 시작 단계에서 긍정적인 신념이 퍼지고 있다면 변화의 절반은 성공한 것이다.

변화를 위한 사람 공부

1. 탁월인·평범인·고민인
2. 긍정인·저항인
3. 성공경험인·실패경험인
4. 신규교사·선배교사
5. 징징이·투덜이

탁월인·평범인·고민인

 조직을 개선하기 위해서는 사람 공부가 필요하다. 특히 나와 함께 근무하는 교직원들을 제대로 이해하는 것은 변화의 중요한 요소다. 알다시피 모든 변화의 성공은 프로그램이나 물리적인 환경이 아닌 사람들이 만들기 때문이다. 학교장으로서 누가 재능이 많은 직원이고, 누가 잠재적으로 취약한지, 누가 긍정적인 에너지를 전할 사람인지를 아는 것은 중요하다.

 '사람이 힘이다'라는 말이 있다. '사람이 꽃보다 아름답다'라는 노래도 있고, '난세에는 사람이 답'이라고도 한다. 지나치게 원론적이라고 할 수 있지만 '교육은 교사의 질을 넘지 못한다.' 좋은 학교를 만들기 위해서는 좋은 교직원이 필요하고, 훌륭한 학교를 만들기 위해서는 훌륭한 교직원이 필요하다.

 Al Burr 박사는 조직 구성원들을 슈퍼스타 (Superstar), 뒷받침해주는 사람들(Backbone), 그리고 그저 그런 사람들 (Mediocres)

로 나누었고, Fiore와 Whitaker는 교사들을 대체 불가능한(Irreplaceables), 평범한(Solids), 그리고 대체 가능한(Replacement Level) 부류로 나누기도 했다(Leading School Change, 2009).

교직원들을 이렇게 분류하는 것에 대해 거부감을 가질 수 있겠지만, 변화의 성공과 상처를 최소화하기 위해서는 사람에 대한 공부가 필요하다. 위 연구들을 바탕으로 교직원들을 대략적으로 3부류로 나누어 볼 수 있다.

- 구성원 대부분이 이 선생님을 (최고/평범/최악)의 선생님이라고 생각한다.
- 아이들은 물론 부모들도 이 선생님이 담임이나 교과교사가 되기를 (희망/의견 없음/불희망) 한다.
- 동료들은 이 교사를 동료로서만이 아니라 롤 모델(비공식적 리더)로 (존경/그저그런/불인정)한다.
- 가끔 입바른 소리를 하지만 이 교사가 학교를 떠나기를 (원하지 않는다/있어도 상관없다/떠났으면 좋겠다)고 생각한다.
- 수업이나 아이들에 대한 열정이 뛰어나지만 자신의 헌신이나 노력을 (드러내지 않으려 애쓴다/ 자랑한다/ 자신의 노력을 과대 포장한다/ 열정도 없고 관심도 없다.)

소속 교직원들을 위 질문에 대입해 보면 모든 문항의 앞부분, 중간 부분, 마지막 부분에 속하는 사람들도 있고, 어떤 사람들은 혼재될 수도 있다. 대체로 많은 것을 중심으로 편의상 탁월인(대체 불가인), 중간 부분을 보통인(대체 가능인), 마지막 영역에 속하는 사람들을 고민인(대체 희망인)으로 나누어보려 한다.

<탁월인 혹은 대체불가인>

연구에 의하면 일반적인 학교에서는 2-10%만이 이 부류라고 한다.
어떤 학교는 불행하게도 이런 직원이 한 명도 없을 수 있다.

소위 '탁월인(대체 불가인)'을 표현하는 용어는 다음과 같다.
새로운 것을 시작하는, 비전을 제시하는, 위험을 두려워하지 않는,
잘 돌보는, 긍정적인, 전공교과뿐 아니라 다양한 분야에 지식이 많은,
에너지가 넘치는, 창의적인, 역동적인, 유머가 풍부한, 가르치는 것을
사랑하는, 학생을 먼저 생각하는, 동료들의 존경을 받는,
사람들이 따르는, 타인의 말에 귀를 기울이는

이들은 일반적으로 변화를 위한 강력한 내적 동기를 작동시켜 대체로 큰 그림을 보고 미래를 향해 간다. 자존감과 자아 효능감이 매우 높고 교육적 소신과 열정이 뛰어나기 때문에 자신을 스스로 돌아보고 반성한다. 자신의 높은 도덕적 기준과 소명 의식으로 교육활동을 돌아보고 학교와 아이들을 위해 필요하다고 판단되면 자발적으로 습관을 바꾸고 변화를 시도한다. 이들은 수업이나 업무를 할 때

자신보다는 학교 전체를 염두에 둔다. 그리고 항상 아이들을 중심에 두고 판단한다. 어쩌면 아이들의 미래 혹은 세계적인 영향에 대해 고민하며 교육할지도 모른다.

이들의 변화에 대한 동기와 열정은 스스로 만들어 내는 것이지 누군가의 명령이나 강요로 만들어지지 않는다. 이들에게 필요한 것은 지지와 격려 등 내적 동기를 유발할 수 있는 정신적인 것들이다. 따라서 학교장은 이들이 교육활동에 규제나 걸림돌을 제거해 주고 새롭고 창의적인 시도를 지지해 주는 것만으로도 충분하다.

특히 이들은 내적 동기가 인정받지 못하거나 자존심이 상처받는 것을 가장 싫어하므로 섣부른 칭찬이나 보상은 경계해야 한다.

이들에게 가장 강력한 보상은 '교육적으로 옳은 일을 한다.'는 믿음과 그에 따른 결과다. 이들에게 금전적인 보상이나 승진 등으로 동기를 부여하려 한다면 자존심 상해하거나 오히려 뒷걸음질 칠지도 모른다.

따라서 이들을 위해 학교장이 특별히 할 일은 많지 않다. 오히려 이들의 노력으로 학교와 아이들이 옳은 방향으로 변화하고 있으며, 좋은 결과를 만들어내고 있다는 것을 피드백해 주고 진심 어린 칭찬과 신뢰를 보내주는 것만으로도 충분하다. 물질적인 것보다는 정서적인 보상이 이들에게는 더 좋다.

과거 함께 근무한 헌신적인 부장이 있었다. 매일 고3 학생들 야간 자습 지도는 물론 아이들을 하나라도 더 가르치기 위해 피를 쏟듯 수업을 하곤 했다. 승진은 그의 관심에서 멀어진지 오래다. 섣부른 칭찬이나 승진점수와 같은 보상은 오히려 그의 열정을 꺾는 행위일 것이다. 학교와 학생들에게 헌신하느라 정작 본인 자식을 못 챙겨 미안해하는 그에게 퇴근 때 '딸 해 먹이라.'며 슬그머니 챙겨준 백숙거리는 작은 격려지만 그에게는 아마도 큰 보상이었을 것이다.

사실 이런 탁월인들은 아이들이 수업 시간에 잠을 자거나 학습이 잘 이루어지지 않으면 이 문제를 해결하기 위해 자발적으로 수업 방법 개선 모임을 만들거나, 좋은 수업 연수에 참여하거나, 학생들에게 설문을 돌리거나, 상담하는 등의 방법을 찾아 실행한다. 그리고 누가 보든 안 보든 수업을 개선하기 위해 노력한다. 이들에게는 특별한 보상이 필요하지 않다. 사랑하는 아이들의 변화가 보상이다. 학교장은 그것을 알아주고 인정해 주는 약간의 격려만으로 충분하다.

많은 일반 교사들이 이 기준을 충족하기는 매우 어렵다. 학교에 이런 교사들이 많다면 더할 나위 없는 복이다. 최소한 한두 명이라도 있다면 이것으로 충분할 수도 있다. 학교장들의 자조 섞인 말처럼 어차피 학교 일은 전직원이 하는 것도 아니니 영향력 있고 열성적인 한두 명만 있어도 좋다.

그런 면에서 이들은 대체 불가능하다. 이들이 떠나면 빈자리를 채우기는 매우 어렵다. 이들이 소진해서 떠나지 않도록 노력해야 하고,

한편으로 숨은 탁월인을 발굴하고 키우는 데 정성을 쏟아야 한다. 일부 탁월인들은 스스로 드러나기도 하지만 여건이 만들어지기 전에는 전면에 나서지 않을 수도 있기 때문이다.

교사 시절 학생 지도상을 받은 적이 많다. 물론 이미 탁월한 학생이 있어서 나의 노력과 상관없이 좋은 성과를 거둔 경우도 많았지만, 재능 있는 학생을 발굴해서 체계적인 지도로 그들의 잠재적 탁월성을 발견한 경우도 제법 있었다. 그 결과 진로를 결정하고 인생의 변환점을 맞은 학생들도 기억이 난다.

가는 학교마다 우수한 학생들을 발굴해서 훌륭한 성과를 내는 교사들처럼 학교장은 유연함을 가지고 교사들을 잘 관찰해서 탁월한 교사집단을 넓히고 이들이 역량을 발휘할 수 있도록 판을 깔아주어야 한다. 학교에 탁월한 교사들이 많이 있고 이미 활동중이라면 최고지만, 그렇지 않을 경우 이런 사람을 발견하거나 고무해서(중간 지점에 있는 사람들은 언제든지 탁월인 쪽으로 이동할 가능성과 준비가 되어 있는 경우가 많다) 이들과 함께 하는 것은 전적으로 교장의 몫이다.

<평범인 혹은 대체가능인>

교사의 80-90%는 여기에 속한다.
이들 중 일부는 탁월한 교사들의 특징을 가지고 있지만 2% 부족하다.
본인은 잘하고 있다고 생각하는데, 리더로 인정받기에는

조금 부족한 경우도 있고, 열심히 하는 데 방향이 조금 어긋나거나,
불평은 안 하지만 특별히 불편한 상황을 개선하려고 노력하지 않는다.

이들에 대한 일반적인 수식어는 다음과 같다.
열심히 일하는, 헌신적인, 충성스러운, 생산적인, 전공 분야에 지식이 있는,
일관성이 있는, 규칙이나 지시에 잘 따르는, 가르치는 책임을 다하는,
노력하는, 최선을 다하는, 먼저 나서지 않는,
지나치게 부정적인 의견을 경계하는, 불평하지 않는

  이들은 한두 가지 약점을 가진 평범한 사람들이라서, 미래나 학교 전체의 큰 그림보다는 자신이 맡은 학급이나 학년 업무에 대해 책임을 지려한다. 학교에서 각자의 업무를 충실히 하고 있기 때문에 이들이 떠나면 당장은 아쉽고 고민이 되지만 막상 떠나면 대기하고 있던 다른 사람으로 대체가 가능하다. 어떨 때는 조금 더 나을 수도 있고 어떨 때는 조금 더 나쁠지도 모른다. 그러나 이들이 없다고 해서 조직이 돌아가지 않는 경우는 없다. 다만 약간의 시간이 필요할 뿐이다.
  예를 들어 학생 동아리를 지도하던 평범인에 속하는 A교사가 있다고 하자. 그가 떠난다고 하면 고민은 되지만 어떻게든 대체될 수 있다. 때에 따라서는 생각지도 않게 경험이 많거나 열정적인 교사로 대체되어 오히려 동아리 활동이 더욱 역동적으로 변할 수도 있다.

  그렇다 하더라도 이 부류의 교사들은 학교 변화의 여정에 매우 중요한 열쇠를 가지고 있다. 사실 이들은 변화가 시작되면 가장 견고한

지지층을 형성한다. 게다가 대부분의 교사들이 이 부류에 해당하기 때문에 많은 일들을 이들이 한다. '이들을 어떻게 탁월인 쪽으로 많이 이동하게 하는가? 혹은 어떻게 탁월인 쪽으로 방향이라도 틀게 하는가?'가 성공의 관건이다.

이들을 변화에 동참시키기 위해서는 외부자극이 필요하다. 이들은 자발적 동기보다는 외부 요인에 의해 움직이는 경향이 있다. 이들은 초기에는 거부하고 저항할 수도 있지만 멘토교사나 선배교사 등 신뢰할 만한 사람에게 권유받거나 학교장이나 교육청의 강한 드라이브, 학부모나 아이들의 요구가 강해지면 변화하려 한다. 이들이 솔선해서 변화를 주도하지는 않아도, 결정된 것은 충실하게 따른다는 것이 장점이다.

그러나 너무 강한 외부자극이나 납득하기 어려운 지시나 명령은 이들을 움츠러들게 하고, 집단으로 반동을 형성하게 한다. 때에 따라서 이들은 순간적으로 고민인(대체 희망인)의 방향으로 이동할 수도 있다는 것을 기억해야 한다.

중요한 것은 이들을 탁월인이 되게 해야 한다는 섣부른 욕심을 버리고 현재 상태를 인정하고 시간과 여유를 가지고 대하는 것이다. 이들 중에 일부는 어떤 계기로 탁월인이면서도 평범인으로 주저앉아 있거나 할 일을 찾지 못해 제 역할을 못하는 경우도 많다. 이들이 얼마나 많이 탁월인 쪽으로 방향을 틀고 그들의 행동 유형을 따르려 하는가가 학교 변화의 성공요인이다.

때에 따라서는 효과적으로 준비된 소위 '교직원 역량 강화 연수' '직원 감동 편지 쓰기'와 같은 정서를 자극하는 작은 이벤트들도 이들을 긍정적인 방향으로 돌리는 계기가 되기도 한다. 그러나 무엇보다 중요한 것은 진심을 다해 이들의 역량을 발견하고 가라앉아 있는 사명감과 역량을 깨우는 학교장의 섬세한 관심과 지지다.

마치 학급에서 성실하게 자신의 일을 하는 중간 정도 학생들이 잘하거나 속 썩이는 아이들에 치여 관심밖에 머무르는 것처럼 이들도 그런 상황일 수 있다. 학교장은 의도적으로라도 이들에게 관심을 기울여 아무리 작은 노력이라도 놓치지 말고 적절한 칭찬과 격려로 피드백해 주어야 한다. 이들에게는 뼈아픈 지적보다 칭찬거리를 많이 찾아내서 활용하는 것이 좋다. 이것이야말로 이들의 잠재역량을 극대화시키고 관심 영역으로 진입하게 만드는 가장 효과적인 방법이다.

<고민인 혹은 대체희망인>

학교에 따라 이 부류의 교직원들이 없을 수도 있고 아주 적을 수도 있지만 이들의 부정적인 영향력은 절대 무시할 수 없다.

이들은 탁월인들의 성향과 반대의 용어로 표현할 수 있다. 게으른, 냉소적인, 부정적인, 능력이 없는, 교과나 업무에 대해 잘 알지 못하는, 비판적인, 변화를 거부하는, 권리를 따지는, 결근할 핑계를 대는, 교실 장악 능력이 부족한, 학생이나 동료를 탓하는

학생들이나 보호자들은 이들이 담임이나 교과 교사가 되기를 원하지 않는다. 지루한 수업을 하거나 아이들을 막 대하기도 한다. 제일 늦게 출근해서 소리 없이 가장 빨리 퇴근하며 늘 학교 환경이나 아이들을 탓한다. 이들은 '이 변화가 나에게 의미하는 것은 무엇인가?'라고 묻는다. '학교' '학생들' 혹은 '내 부서' 최소한 '나의 학급 학생들'을 고려하기보다는 '나 자신의 삶에 어떤 영향을 미칠 것인가?'를 가장 중요하게 생각한다. 그리고 이를 침해하거나 위협하는 모든 변화를 거부한다.

만약 이 부류의 교사들이 전출을 간다면 금방 더 나은 사람들을 찾을 수 있고 더 좋은 사람이 오는 경우가 많다. 최악인 것은 새로운 곳에서 지금 정도의 익숙함을 유지하기 쉽지 않다는 것을 알기 때문에 만기가 될 때까지 이동하려 하지도 않는다. 이래서 이들은 학교장이 어쩌지 못하는 고민인이며 떠나기를 바라는 대체희망인이기도 하다.

이들은 변화와 개선에 저항적이다. 사실은 변화에 저항적이라기보다 그냥 열심히 일하는 것을 거부한다고 해야 맞다. 이들은 자신의 익숙한 방법으로 최소한의 에너지만을 쓰려 한다. 자신의 안위나 편안함을 위협하는 요소가 있다면 때로 방해꾼이 되기도 한다. 이들을 변화시키기 위해서는 새로운 것이 현재 자신들이 누리는 관행보다

더 쉽거나 유리하다는 것을 알게 해야 한다. 그래야만 익숙한 곳에서 조금이라도 빠져나오려 할 것이기 때문이다.

고민인들은 대체가 필요함에도 쉽게 학교를 떠나지도 않고 절대 스스로 바뀌지 않을것이다. 그러니 변화를 이끌어가기 위해서는 이들과 함께 일하는 법을 익혀야 한다. 그래야 이들이 최소한 방해꾼이 되는 것은 막을 수 있다.

많은 평범인들은 탁월인으로 한 단계 이동할 가능성을 가지고 있다. 기본적으로 이들은 아이들에 대한 사랑과 책임감, 나름의 소명 의식이 있기 때문에 적절한 상황과 외부자극을 준다면 탁월인 쪽으로 이동시킬 수도 있다. 그러나 안타깝게도 고민인 즉 대체가 필요한 교직원들을 평범인으로 한 단계 이동시키는 것은 너무 어렵다. 어쩌면 불가능할 수도 있다. 오히려 그들이 평범인 부류의 교사들을 자신의 영역으로 끌고 가지 못하도록 막는 일이 더 필요할지도 모른다.

이들이 일단 집단을 형성하면 학교는 한 발자국도 나아갈 수 없다. 이들은 학교의 불평거리를 수집하기도 하고 재생산하기도 한다. 따라서 교직원 중에 고민인이 누구인지를 파악하고 이들의 가장 관심을 두는 부분, 아킬레스건, 그들의 행동 방식과 반응 등을 세심하게 살펴서 무시해야 할지, 약간의 일거리를 주어 불평할 시간을 주지 말아야 할지, 강제로라도 끌고 가야할지, 때에 따라서는 달콤한 말로 달래기라도 해야 할지를 결정해야 한다.

교직원들을 이런 방식으로 나누고 구별해서 다르게 대하라는 것은 아니다. 다만 사람들은 타고난 기질, 그간의 경험, 정신적·신체적 조건으로 인해 다양한 방식으로 삶을 대한다. 그런 차이를 알고 대응한다면 변화를 좀더 성공적으로 이끌어낼 수 있다.

긍정인·저항인

 '부모의 행복은 가장 불행한 자녀의 행복의 크기와 같다'는 말은 내가 학교 현장에서 자주 쓰는 말이다. 어쩌면 학교장의 행복도 가장 부정적인 직원이 느끼는 행복의 크기와 같을지도 모른다. 교직원들 중에 '마음이든 몸이든 누가 아픈가? 누가 불만족하고 불행하게 느끼는가?'를 잘 살피고 챙기는 것은 학교장으로서 매우 중요한 문제다.
 그럼에도 불구하고 변화의 시작 단계에서는 부정적인 사람들을 긍정적으로 바꾸기 위해 너무 많은 힘을 쓰지 않기를 권한다. 오히려 변화의 초기에는 긍정적인 에너지를 가진 사람들의 행복한 에너지에 집중하는 것이 좋다. 모든 직원이 함께 으쌰으쌰하면서 변화에 성공하는 그림은 잠시 꿈으로 남겨두어야 할지 모른다. 모두가 함께 하면 최고지만 그럴 수 없다면 긍정적인 몇 사람과 당장 시작하라.
 우리는 대체로 가장 저항적이고, 변화에 부정적인 사람들을 설득해서 그들과 함께 가야 훌륭한 리더십을 발휘한다고 생각하는 경향이 있다. 불행하게도 이런 전략은 실패의 확률을 높인다. 사람의 긍정성과 부정성은 오랜 삶에서 만들어진 성격적 편향성이다. 사람의 성향을 바꾸는 것은 쉬운 일도 아니며 이들의 부정성에는 뿌리 깊은 역사가 존재할 가능성이 많다. 게다가 저항이 계속되면 학교장의 초심은 흔들리고 불안정한 에너지가 학교에 퍼지게 된다.

그러니 생산적이지 않은 사람들을 붙들고 너무 많은 시간을 허비하지 않는 것이 좋다. 취약하거나 부정적인 사람들에게 학교의 운명을 좌지우지하게 할 필요는 없다. 극단적으로 말하면 그저 그런 사람들이 학교의 운명을 정하게 놔두지 말라는 것이다. 이들의 부정적인 기운은 교실에도, 교무실에도, 이들이 가는 모든 곳 어디에서나 크든 작든 영향을 미친다. 좀 과장하자면 이들의 관심사는 부정적인 편견과 영향력으로 자신이 속한 조직을 어렵게 하는 것이기 때문에 아무리 역량이 뛰어나다해도 이들을 전면에 내세우는 것은 좋은 선택이 아니다.

이들을 변화시키기는 어려울 수 있다. 그렇다고 이들을 놓고 갈 수도 없는 노릇이다. 그래서 학교장은 최소한 이들을 다룰 줄은 알아야 한다. 그렇지 않으면 이들에게 발목 잡혀 초기에 나가떨어질 수 있기 때문이다. 변화에 저항할 뿐 아니라 심지어 대항하여 싸우는 부정적인 사람들을 설득하여 내 편으로 만들거나 권위로 굴복시키기는 생각만큼 쉽지 않다. 안타깝지만 이들을 잠재적인 장애물로 인식하고 이들을 피해서 일하는 것이 더 효과적이다. 이들을 변화시키려 지나친 에너지를 쏟기보다는 긍정적인 사람들을 전면에 세워 긍정 에너지가 어느 정도 퍼진 후에 이들을 설득하는 것이 낫다.

학교에는 긍정적이지만 활동적이지 않은 사람들도 꽤 많다. 이들은 매우 혁신적이고 탁월한 아이디어를 가지고 있고 변화에 긍정적이지만 전면에 나서서 변화를 이끌려 하지는 않는다.

전에 근무하던 학교에서 나는 이들을 '책사'라 불렀다. 문제에 부딪히거나 해결할 과제가 생길 때마다 차 한잔 하거나, 산책을 하며 의견도 듣고 조언도 들었다. 가끔은 술자리도 하면서 이들의 혁신적인 아이디어를 듣기도 하고 때로는 나에 대한 질책이나 변화에 대한 직원들의 두려움이나 부정적인 견해도 전해 들었다. 이들은 전면에 나서지는 않지만 슬그머니 변화의 문을 열어 놓고 사람들이 그 문에 들어가도록 긍정적인 영향력을 행사했다. 술을 좋아하는 사람들은 후배들과의 정겨운 술자리로, 내성적인 사람들은 조용하면서도 단호하게 나의 결정을 따르는 방식으로 그들이 꿈꾸는 학교 변화에 동참했다.

나는 내가 경험한 조직 변화의 많은 부분을 이들 긍정적인 사람들과 함께 이루었다고 생각한다. 이들은 부족한 나의 판단력과 가끔 찾아오는 회의와 좌절을 현명하게 극복하도록 도와주었고 책사로서 자신들의 '긍정적 영향력'을 보이지 않는 곳까지 퍼트렸다. 돌이켜보면 이들에게 변변한 감사의 표시도 하지 못했다. 변변치 않은 차 한잔에 녹아있는 진심만으로 이들은 기꺼이 변화의 선봉장이 되어 주었고 충분한 영향력을 보여주었다.

전문적 분야의 능력이나 지식이 필요한 분야의 변화를 실행하려

할 때도 나는 능력자보다는 긍정적인 사람들과 먼저 시작한다. 최소한의 필요한 능력이 있다면 긍정적이고 활력적인 사람들이 팀을 꾸리도록 한다. 그동안 나와 함께 학교 변화의 선봉장이 되어 준 '교육과정 개선 전략팀, 인공지능·SW TF, 수업개선 TF, 쌍방향 온라인 수업 TF'등은 교육에 대해 긍정적인 에너지를 가진 몇몇 열정적인 교사들에 의해 만들어 졌다. 열정으로 가득찬 긍정적인 사람들은 언제나 기대보다 더 많은 일들을 만들어 낸다. 이들은 자신의 잠재력을 30%가 아닌 최대로 쓰는 방법을 안다.

지난 3월 새로 부임해 보니 코로나 19로 인해 비대면 수업은 이루어지고 있었지만 대부분의 교사들은 컨텐츠 업로드형 수업을 하고 있었다. 초기에는 어떻게 버텼지만, 학생들의 학습은 물론 생활 지도면에서 학교의 기능에 상당한 의심을 가지는 목소리들이 터져 나왔다. 부임 즉시 수업 형태를 바꾸려 했으나 쉽지 않았다. 필요성은 공감하면서도 너무 서두르지 말라거나 우리 구성원이나 학교 환경으로는 불가능하다는 부정적인 의견을 말하는 사람들이 대부분이었다. 게다가 능력이 되는 몇몇 사람들은 얼마나 어려운지 얼마나 환경이 열악한지를 피력하면서 부정적인 견해를 퍼트리고 있었다. 그러나 나는 필요하다면 모든 것을 양보할 수 있어도 수업에 관한 한 양보는 없다는 시그널을 계속 보냈다. 이 지점이 중요하다. 학교장으로서 양보할 수 없는 것이 무엇인지를 분명히 보여주고 이것을 성공시키는 것은 향후 모든 변화의 강력한 신호탄이 된다. 12년간의 최연소 여성총리, 최장수 총리를 마감하는 메르켈 총리는 '메르켈하다'는 신조어까지 만들어 냈다. 그의 뚝심 있는 온건한 무티(엄마) 리더십은 권력을 과시하지 않고 다른 의견을 수용하면서도 정책은 끝까지 관철시킨다는 것이다.

이것은 나의 첫 변화과제였고 가장 중요한 것이기 때문에 반드시 성공해야 했다. 그리고 ⊕로 검토한 결과 이미 몇몇 학교에서 시행하고 있는데 우리학교가 못할 이유는 전혀 없었다.

나는 열정으로 가득찬 긍정적인 교사를 설득했다. 조심스럽게 방향과 목적, 실행해야 하는 교육적 이유, 교사로서의 책임감을 피력했다. '모든 예산을 투입해서라도 필요한 무엇이든 지원할 것이고 실패도 과정이니 실패를 두려워 말라'고도 했다. 그는 부족하지만 뜻을 같이 하는 몇 선생님들과 고민하겠다고 했다. 곧이어 7명의 교사들로 TF를 조직하고 모임을 시작했다. 그가 제안한 모든 것들은 즉시 수용되었고 그는 수용된 것 이상의 책임감을 가지고 결과를 도출해 냈다. 그의 긍정적인 에너지는 결국 모든 교사들의 수업변화의 원동력이 되었다.

수업방법의 성공적인 변화를 통해 직원들은 자부심을 갖게 되었고 학교장과 함께 변화의 여정을 뛰어갈 준비를 하기 시작했다. 변화를 시도하는 중요한 첫 사업은 반드시 성공하여 긍정적인 에너지와 성취감을 퍼트려야 한다. 그러기 위해서 긍정적인 사람들과 긍정적으로 시작하라는 것이다. 영리한 접근을 통해 교직원들이 각자의 위치에서 발산하는 긍정적인 에너지를 모으는 것이야말로 성공적인 조직 관리의 비결이다.

금년 2월 학교에 부임하기 전 학교 관련 자료를 들고 미리 찾아온 부장님과 이런저런 이야기를 나눈 적이 있다. 초임 교장 이후 전문직으로 전직하여 6년 6개월 만에 학교로 나가는 것이고 나의 교직 인생의 마지막 학교가 될 것이라 생각하니 걱정도 기대도 남달랐다. 나의 비전과 몇 가지 변화할 것을 말하고 엘리베이터까지 마중 나가면서 '너무 많은 것을 요구해서 미안하다.'고 했더니 부장은 나에게 이렇게 말했다.

'기대에 미칠지는 모르겠지만 열심히 하겠습니다. 그렇지만 변화할 학교를 생각하니 설레네요.'

변화는 설레는 일이다. 가보지 않은 미래에 대해 긍정적인 설렘으로 희망을 갖는 것이 변화다. 그러니 능력이 뛰어나더라도 부정적인 사람은 잠시 멀리하는 것이 좋다. 지금은 그들의 시간이 아니다.

성공경험인 · 실패경험인

교장으로서 조직 구성원의 성공 경험을 극대화하는 것은 중요하다. 동기는 행동을 유발하는 핵심이다. 성공 경험은 또다른 성공을 향한 동기가 된다. 따라서 성공 경험은 변화의 가장 중요한 동인이다. 성공의 경험은 변화에 대한 두려움을 조절가능한 것으로 만든다. 반면에 잦은 실패의 경험은 자신감을 떨어뜨리고 의욕을 잃게 만들어 결국에는 반복되는 실패를 경험하게 할 수 있다.

학교도 성공하기 위해서는 구성원들이 성공 경험을 자주 할 수 있도록 조직해야 한다. 교직원들이 자신의 역량의 최대치를 발휘해도 성공경험을 할 수 없다면 그 조직은 문제가 있다. 아무리 뛰어난 사람이라도 능력 이상의 일에는 성공할 수가 없기 때문이다. 학교장은 적절한 업무 분배, 불필요한 업무 축소, 불합리한 절차 개선, 과도한 민원 방어, 성공적인 인간관계를 위한 여유 등을 제공함으로써 교직원들이 성공 경험을 보장해야 한다.

초임 학교의 교무기획은 매우 능력이 있었고 학생들에게도 최선을 다하며 후배나 선배 동급직원들에게 영향력을 발휘하는 탁월한 교사였다. 그런데 담임을 하면서 교무기획을 하다 보니 매일 앞동 교무실과 뒷동 교실을 정신없이 뛰어다녀야 했다. 내가 보기엔 그는 탁월할 뿐만 아니라 최선을 다하기 때문에 담임, 기획, 교과 교사로서의 역할을 어떤 평범한 교사보다 잘하고 있었고 게다가 언제나 성공적이었다. 그러나 정작 본인은 늘 '학생들에게 미안하다' '나는 능력이 부족하다' '다른 선생님들에게 미안하다'를 달고 살았다. 그는 늘 실패한 것처럼 미안해했다. 그는 능력이 있어도 성공을 경험하고 누릴 시간적 여유가 없었던 것이다.

이런 상황이 지속되면 몇 안 되는 탁월한 사람을 잃는 불행한 사태가 일어날 수 있다. 따라서 사람의 능력 정도와 한계를 고려하여 적재적소에 적정한 업무를 배분하는 것은 구성원들의 성공 경험을 조직의 성공 경험으로 만드는 중요한 방법이다. 해야 할 업무와 교직원의 능력이나 특성을 분석하여 업무나 책임이 적절하고 공평하게 배분될 때 교육은 시너지를 낸다.

물론 공평하다는 것은 정확한 1/n을 의미하지는 않는다. 교직원들이 공감하고 사회적으로 인정할만한 공명정대함을 갖추어야 한다는 의미다. 학교의 분위기는 일이 많아서 나빠지는 것이 아니라, 누군가는 등골이 휘는데 누군가는 나이, 성별, 능력 부족 등을 핑계로 놀고 있을 때 생긴다. 학교는 어찌어찌 돌아가고 교장의 답답함은 적을지 모르지만 효율성은 점점 떨어지고 탁월한 교사들은 학교를 떠나게 된다.

초임시절 학교에 부임해 보니 경력이 많은 일부 교사들이 담임도, 업무도, 부장도 하지 않으려 하는 바람에 젊은 사람들에게 과부하가 걸려 불만이 많았다. 봉급을 성과나 일의 양이 아니라 경력에 따라서 받는 몇 안 되는 직종인 교직에서 어느 정도의 공평함은 유지해야 하지 않겠는가? 게다가 100세 시대라고 하지 않는가?

그래서 업무분장 선택지를 부장, 담임, 기획, 그리고 한두 자리의 전문 업무 중심으로 제한했다. 담임은 업무를 최소화하고 기획은 업무를 중점적으로 하되 담임을 맡지 않았다. 물론 임신이나 기타 건강상의 이유 등 어쩔 수 없는 교원이나 정년이 1-2년 남은 교원들을 일정 부분 고려했지만 기본적 생각은 합의된 공평함이었다. 지금이야 대부분의 학교들이 이렇게 하지만 10년 전에는 쉽지 않은 결정이었다. 처음에는 원로교사에 대한 대우도 없다고 일부 저항도 있었다. 그러나 최소한 부장을 서로 미루는 일로 고생하지 않았고 담임들이 학생들을 소홀히 하지 않는 분위기는 만들 수 있었으며, 어느 정도 공평한 업무 분배로 탁월한 사람들이 더 많은 생산적인 일들을 하는 계기를 만들 수 있었다. 돌아보면 당시 어렵지만 단호하게 시행한 업무분장의 합리적인 조정은 학교 변화의 강력한 동력으로 작용했다고 생각한다.

성공과 실패는 경험의 산물이다. 성공의 경험이 많은 사람들은 소위 자기효능감이 높아서 남 탓이나 환경 탓하지 않고 자신의 노력에 더욱 집중한다.

도쿄 올림픽에서 배드민턴 천재로 불린 안세영 선수는 효능감의 끝판왕이다. 단 하루도 쉬지 않고 피나는 노력을 한 그녀가 8강전에서 패배한 후 인터뷰에서 '그렇게 했는데도 안 되는 거면, 아마 그보다 더 열심히 해야 하는 것'이라고 말했다.

그녀의 인터뷰는 사랑하는 나의 제자들을 보는 것 같아 가슴 찡했지만 그녀의 이력으로 볼 때 그간 쌓아온 성공 경험은 이번의 실패를 성공으로 바꾸려는 의지를 만들어 냈을 것이다. 학교에서 좀더 많은 교사들이 소소한 일상에서, 수업에서, 학생들과의 관계에서 성공 경험을 가질 수 있도록 조직을 효율화하고, 시간을 효율화하고, 인간관계를 효율화하는 것은 학교장의 역량이다. 교직원들의 다양한 성공 경험은 학교 변화를 성공으로 이끌기 위한 비옥한 토양이 되기 때문이다.

나는 어른이 작동(working)하는 사회를 꿈꾼다. 어른은 나이 많은 것만을 의미하지는 않는다. 오히려 그것이 나이든, 학력이든, 직위든 넉넉한 마음으로 다른 이들을 품어주고 이끄는 사람을 의미한다. '어른이 작동하는 사회'란 어려운 일, 손해 보는 일, 힘든 일, 돈 드는 일은 나이 많은 사람, 학식이 높은 사람, 지위가 높은 사람이 더 먼저 행동하는 사회다. 또 실패가 예견될 때 어른들의 지혜로운 조언과 지지를 주고받으며 실패 경험을 최소화하고 성공 경험을 극대화하는 사회다.

학교의 성공적 변화는 '학교의 어른들이 학교에 관한, 학교를 위한, 그리고 학생의 과거와 현재 그리고 미래를 위한 일들을 솔선해서 실천하는 것'에서 출발한다. 학교장은 학교의 어른이므로 학교에서 가장 어려운 일, 가장 돈을 많이 쓰는 일, 가장 시간 투자가 많은 일을 자청해야 하고 필요한 경우 성공 경험을 극대화할 수 있도록 지혜를 나누어야 한다. 그래야 학교가 어른이 작동하는 건강한 사회가 되고 성공을 경험하는 조직으로 성장하게 된다. 그리고 젊은이들은 그들의 미래를 본다.

아무리 좋은 학교라 해도 인간이 모여 있는 곳이 그러하듯 역동적이고 창의적인 탁월한 교사, 조직의 안정을 지지하는 평범한 교사, 그리고 없으면 더욱 좋은 고민스러운 교사들이 있기 마련이다. 구성 비율이 조금씩 다를지언정 분명히 존재한다. 이들은 어떤 경우는 좋은 팀을 이루며 학교를 변화시키기도 하고 때에 따라서는 학교를 꼼짝 못하게도 한다.

이들과 함께 역동적이고 성공적인 학교를 만드는 것은 많은 부분 학교장의 업무와 구성원에 대한 통찰력과 지혜에 달려 있다. 어떤 것들은 창의적인 능력을 요하고 어떤 것들은 중요하지만 반복적이고 작은 능력으로도 성취할 수 있다. 심지어 어떤 것들은 반드시 완료해야 하지만 중요도가 아주 낮은 것도 있다. 이것들을 적절히 분류해서 교직원들이 에너지가 지나치게 소진되지 않도록 하는 것이 중요하다.

'일을 잘하고 싶으면 바쁜 사람에게 부탁하라.'는 말이 있다. 잘 되는 모임은 구성원들 자체가 좋기도 하지만 대개는 헌신적인 회장이나 총무가 있다. 조직의 저변을 확대하고 변화를 주겠다고 잘 참석도 하지 않는 사람을 회장으로 추대하는 경우가 있는데 이 경우 십중팔구 모임이 깨지거나 약화 된다. 열정이나 리더십은 아무나 가질 수 없기 때문이다. 일을 잘 하는 사람들은 중요한 일만이 아니라 소소한 일들도 최선을 다한다.

학교도 어떤 경우 바쁜 사람만 더 바빠지는 구조가 되기 쉽다. 업무를 배정할 때 '좀 무리지만 도와줄 테니 하라.'는 말은 사실 비현실적이다. 공무원은 어떤 형태든 자신의 일에 대한 공적인 책임을 져야 하기 때문에 거들어줄 수는 있지만 결국 본인의 몫이다.

그러니 선택과 집중이 필요하다. 어떤 일들은 탁월한 사람들만이 할 수 있기 때문에 에너지를 아껴두어야 한다. 누구나 할 수 있는 일들까지 맡김으로써 정작 중요한 때 이들을 활용할 수 없으면 안 된다. 더구나 열정 넘치는 이들의 반복적인 실패 경험이나 소진은 개인의 문제이면서 동시에 학교의 문제가 된다.

'운칠기삼'이라는 말도 있지만 성공과 실패가 능력이나 노력만으로 가능하지 않을 수도 있다. 그렇다 해도 정의로운 사회를 꿈꾸는 교육자가 운이 7이나 되는 학교를 만들 수는 없다. 정의로운 사회는 예측 가능한 사회기 때문이다. 학교장은 노력하는 누구나 성공을 꿈꾸는 학교가 되도록 조직해야 한다.

교직원 중에는 애초부터 성공 능력이 없거나 어떤 이유든 누적된 실패 경험으로 실패가 일상화 된 사람들도 있다. 어쨌든 학교장은 예견된 실패는 최소화 시키고 가능한 성공은 극대화 시킬 수 있도록, 인적자원을 효율적으로 배분하고 업무를 적정화해야 한다.

성공의 경험은 누구에게나 필요하다. 마찬가지로 실패의 경험 역시 누구나 피할 수 없다. 교직원들이 학교에서의 성공 경험이 쌓일 수 있게 하고 실패에 대응할 힘을 길러주는 것도 교장의 몫이다.

신규교사 · 선배교사

　우리 교육사에 작년처럼 젊은 교사들의 역동성이 빛난 시기는 없었을 것이다. 코로나19 위기로 학교는 변화가 필요했다. 나와 같은 나이의 사람들은 적응이 쉽지 않은 IT 능력과 도구 등을 현장에 도입해야만 했다. 그간 신규 교사나 젊은 교사는 늘 있었지만 이들이 학교의 중심으로 이동하고 이들의 능력을 최대한 활용해야만 하는 시기는 거의 없었을 것이다.

　이 어려운 시기에 젊은이들을 보배로 알고 그들을 전면에 배치한 학교는 변화에 빠르게 적응했고, 그렇지 않은 학교들은 침체를 겪었다. 신규교사 혹은 저경력 교사들을 경험이 짧거나 '나 때'와 달리 소명감이나 책임감이 부족한 사람들로 여기면서 젊은이들이 그토록 싫어하는 '라떼 한 잔' 시원하게 들이킨 일부 학교장은 스스로 고립되었다. 그야말로 리버스 멘토링(reverse mentoring: 후배가 선배에게 지식과 경험을 가르쳐 주는 멘토링)의 재조명된 시기다.

신규 교사 혹은 저경력 교사들은 아무것도 그려지지 않은 넓은 캔버스와 같다. 첫 부임 학교에서 만난 선배 교사나 교장, 교감들로 인해 이들의 교직 인생은 다른 모습으로 펼쳐지기도 한다.

그간의 학교 변화과정이야 어떻든 이들에게는 모든 것들이 새로 배워야 하는 것들이다. 이들에게도 세 살 버릇 여든까지 간다는 말이 적용된다. 이들이 첫 학교에서의 경험과 선배들에게 배운 교직 습관은 고경력 교사가 되어도 남는다. 물론 이때의 경험이 교직 인생 전체를 결정한다고 단정할 수는 없다. 부모가 없거나 때로 나쁜 환경에서 자랄 수밖에 없다 해도 아이들은 신비함으로 가득 찬 우주에서 다르게 성장하는 것과 마찬가지로 교사도 본인의 경험에 대한 반응과 성격, 학습 속도에 따라 다르게 성장하기 때문이다.

한 사람의 정체성은 자신의 경험에 어떻게 반응하느냐에 따라 결정된다. 신규교사들은 학교의 사정을 잘 모르는 백지상태로 새로운 경험에 반응해 간다. 물론 요즘은 SNS로 다른 학교 상황이나 선배 혹은 관리자들을 비교 분석해서 불만을 생산하기도 한다지만 그래도 이들은 대체로 새로운 환경을 긍정적으로 받아들여 좋은 교사가 되려 한다. 못된 시어머니 밑에서 시집살이 한 며느리가 못된 시어머니가 될 확률이 높다는 말처럼 신규 시절에 겪은 따뜻하고 좋은 경험은 좋은 교사를 만든다.

단독주택으로 이사해 첫해 조그만 텃밭을 가꾸었다. 농사를 지어 본 경험이 없는 터라 식목일이면 나무를 심으니 농작물도 이때 심어야 되는 줄로 알았다. 장에 가보면 고추, 가지, 오이, 호박 모 등이 나와 있으니 사다 심었다. 어린이날 전후로 천천히 심어야 한다는 친구의 말은 귓등으로 듣고 식목일 전후로 모든 모종을 다 심었다. 너무 일찍 심은 탓에 어린 모들은 꽃샘추위를 견디지 못하고 대부분 죽었다. 어찌어찌 살아남은 것도 결국은 열매가 부실했다. 게다가 거름의 양, 선호하는 토양, 물주는 양, 필요한 일조량이 다 다른데 제대로 모르고 키워서 어느 놈은 말라 죽이고, 어느 놈은 녹여 죽였다. 초보 농사꾼의 실패다.

학교장으로서 신규 교사들을 좋은 선생님으로 성장할 수 있도록 개별 특성에 맞추어 지원하면서 활착할 수 있는 시기를 조절해 주는 것은 중요하다. 신규 교사들이 학교에 배치되는 순간부터 준비가 필요하다. 3년 이하의 저경력 교사들을 같은 차원에서 접근해도 좋다. 신규 교사들에게 기대하는 바를 소개하고 좋은 길을 함께 가는 동지로 만드는 것은 처음 학교를 방문할 때부터 시작된다. 이들을 성장시키기 위해서는 좋은 경력 교사들의 도움을 받는 것이 좋다. 부임해 오는 순간부터 좋은 선배교사가 이들을 돕는다면 학교는 활력이 넘치게 될 것이다.

지난 학교에서는 신규교사 부임과 동시에 교직 선배들을 멘토교사로 지정했다. 수업이나 업무는 물론 새 임지에서 방을 구하는 일, 식사를 해결하는 일, 살림을 위해 필요한 물건은 어디서 구입하는지와 같은 일상적인 일 하나하나에 도움을 주었다. 이런 비공식적인 연결이 이들을 편안하게 학교 구성원으로 편입시킬 수 있다. 신규교사가 첫 발령지에서 소소한 개인적인 일부터 수업과 학급경영, 업무까지 탁월한 선배 교사들의 도움을 받을 수 있다면 행운이다. 일상적인 삶이 안정될 때 교사로서의 역량도 극대화되기 때문이다.

제대로 된 학교의 모습은 학생들만이 아니라 교사 상호 간에 서로 성장하는 형태일 것이다. 이런 측면에서 막 교직의 출발선에 있는 신규교사들이 아름답게 성장할 수 있도록 방향을 잡아주고 지원하는 일은 학교장의 중요한 업무다.

사실 가르치는 일은 매우 외로운 일이다. 교사들을 복도로 연결된 독립된 사업자와 비슷하다고도 한다. 학생들이 함께 있지만 수업은 전적으로 교사 개인의 능력에 달려 있고 책임 또한 혼자 진다. 다른 일반 사업자와 달리 웬만한 잘못으로는 쉽게 망하지 않는 데다 실패를 물을 수 있는 지표가 불분명해서 책임도 크게 물을 수 없다. 게다가 결과가 금방 나타나지도 않는다. 이것은 약도 되고 독도 된다. 자칫하면 아이들이 폭망하든가 자신이 폭망한 실패자가 될 수 있기 때문이다.

내가 처음 근무한 학교는 신규가 무더기로 왔다가 무더기로 빠져나가는 학교였다. 부장들은 신규가 너무 많고 허리는 없다고 걱정을 했다. 게다가 신규들은 환상적인 학교생활을 머릿속에서 그리다 보니 '교육자'이면서 '공무원'일 수밖에 없는 현실에 대한 준비가 부족한 편이다. 업무가 미숙한 것도 문제지만 교사 입장에서가 아니라 아이들

입장에서 선배 교사들과 대척점을 이룬다는 불평도 있었다. 그야말로 몇 만 년이 흘러도 진리인 '요즘 젊은 것들'에 대한 전설이 무성했다.

그해에도 6명의 신규교사가 부임을 했다. 많은 고민과 협의 끝에 신규를 각 부서의 기획으로 배정하기로 했다. 앞서 말한 것처럼 기획은 담임이 없는 선택지를 적용했다. 처음에 몇몇 부장들은 강하게 반발했지만, 몇몇 리더 그룹들의 공감으로 교무, 학생, 연구, 기숙사, 체험 등 중요한 부서의 기획을 신규로 임명했다. 물론 담임은 맡지 않고 업무 중심의 보직이었다. 이들에게 가장 강력한 협박(?)은 '기획 업무 잘해야 내년에 담임 준다'였다. 신규 시절 열정 넘치는 담임반의 추억은 지금도 아름답다. 그러나 돌아보면 설익은 교육철학으로 아이들에게 아픔을 주었던 기억들도 그만큼 쓰리다.

대개의 신규교사들은 학급 아이들과 봄이면 참기름 넣고 양푼 비빔밥 해 먹고, 생일잔치 해주고, 체육대회와 운동회에서 함께 달리는 것으로 교직 생활을 그리며 꿈에 부풀어 있다. 이들에게 담임을 주지 않고 업무를 하게 하는 것은 어찌보면 고문이다. 초등학교는 좀 어렵겠지만 가능하면 처음에는 학교라는 조직을 이해하고, 그간의 학교 전통도 확인하고, 좋은 선배들로부터 문화를 배울 수 있도록 업무나 수업을 배정해야 한다. 첫 학교에서 제대로 업무를 배우지 못하면 다른 학교로 이동하면서 그야말로 폭탄이 될 가능성이 있다. 어쨌든 수업을 잘하고 좋은 교사가 되는 것이 가장 중요하지만 교육공무원으로서의 처리해야 할 업무도 결코 무시할 수 없기 때문이다.

선생님들을 보면서 저의 초임 시절을 생각합니다.

경기도 일동의 군주둔지 고등학교에서 우락부락한 아이들하고 시작한 첫 교사 생활이 어느덧 29년이 흘렀네요. 아직도 울고 웃던 그때의 그 기분이 느껴지기도 한답니다. 담임도 하면서 연극반을 처음 만들어 아이들하고 연극을 무대에 올리던 경험은 두고두고 저의 은근한 자부심이지요. 아마도 첫 경험이라 그런 것 같아요. 우리 아이들이 선생님들의 첫사랑이니 후회하더라도 마음껏 사랑하고 마음껏 뒹굴어 보세요. 아마도 그 추억이 평생 힘이 될 것입니다

학교생활이 꿈꾸던 것과는 다를지도 모릅니다. 현실은 대체로 꿈과 다르지만 현실에서만 느낄 수 있는 흥분도 있기 마련이지요.

아이들의 변화를 너무 급하게 요구하지 말기를 권합니다. 중3까지 16년, 5,840일, 140,160시간을 전혀 다른 경험을 한 아이들입니다. 교사가 몇 시간 상담하고 교육했다고 원하는 대로 바뀐다면 인류 역사에 왜 교육이 가장 중요한 화두겠어요. 때로는 실망도 하고 때로는 병처럼 깊어지는 우울도 경험하게 되지요. 저도 6개월차 새내기 교장이라 가끔은 우울 모드에 빠지기도 한답니다.

그렇지만 한잠 푹 자고 나면 태양은 다시 떠오르고 아이들은 다시 웃고 있더라구요. 도전은 가진 것 없는 자들의 유일한 힘이자 가장 큰 성공의 원동력이라는 중국 장인 회장의 말을 열심히 따르며 살다보니 저도 여기에 와 있군요.

저의 딸과 같은 또래의 선생님들을 보면 기특하기도 하고 안스럽기도 합

> 니다. 게다가 집 떠나와 지내니 밥은 제대로 먹는지요. 학교 급식실이 있으니 영양실조 걸리지 않도록 잘 먹고 다니세요.
>
> 〈2012. 3월 신규교사들에게 보낸 감사편지〉

신규교사들이 학교가 그들이 생각하는 것과 다르다는 것을 아는 데는 한 달도 필요하지 않다. 수업하는 것도 버거운데 업무는 서툴고 자신도 아직 응석받이인데 30여 명의 부모 노릇도 해야 하고 때에 따라서는 자신보다 훨씬 나이 많은 학부모들의 상담자로, 푸념대상으로 골머리를 앓아야 한다. 게다가 신규들은 젊고 학교 신입이라는 이유로 귀찮고 시덥잖은(?) 업무를 몰아주거나 단골로 수업 공개자가 된다.

이러니 이들에게 첫 담임의 기억은 고통이거나 과도한 열정의 추억이 되고 만다. 이들이 보낸 첫 일 년은 교직의 긴 여정의 색깔을 결정한다는 것을 절대 잊으면 안 된다. 무엇보다 선배교사의 어른 노릇이 이들을 보호하고 성장시킬 수 있다는 사실을 늘 기억해야 한다.

처음에 반대하던 부장들도 스펀지처럼 받아들이는 젊은 후배들에게 정성을 쏟게 되고 학교 분위기는 활기차졌다. 고경력 교사들은 그들의 젊음과 열정에 취해 일상의 멘토로, 수업의 동료로, 고민 상담자로, 밥 해결해 주는 호구(?) 역할을 해 주었다. 부장 회식이 있는 날은 신규들의 회식날이기도 했다. 왜냐면 조금만 자리가 무르익으면 부장들은 어떻게든 자신들의 기획을 불러내 먹이고 동지애를 느끼고 싶어 했기 때문이었다. 이들과 함께 한 시간들은 내 교직 인생의 가장 열정적인 시기로 기억된다.

　헤어진 지 몇 년이 흘렀지만 가끔 밤늦게 전화해서 '저의 첫 교장선생님! 사랑합니다!'하고 외치는 그들에게 여전히 심쿵한다.

　서울깍쟁이라는 말이 꼭 어울리는 도간 교류해서 온 저경력 교사도 기억이 난다. 젊은 사람 특유의 개성으로 부서에서도 어려워했고 스스로도 고립되었었다. 사실 그 부서의 부장이 좀더 따뜻하게 어른 노릇했으면 하는 바람을 가지고 있던 터였다. 그 선생님이 1년 만에 내신을 내겠다고 했을 때 나는 말렸다. '지금 떠나면 그대의 추억 속에 이 학교는 사라질지 모른다. 1년만 더 근무하면서 어른 노릇은 어떻게 하는 지를 배우고 사람 사는 맛이 넘치는 우리 학교의 장점을 조금더 알고 가며 좋겠다.'고 설득했다. 그리고 생각 깊은 부장의 부서로 배정했고 그 선생님은 3년을 더 근무하면서 원래의 장점인 유쾌함과 따뜻함을 되찾았다.

　또 나는 일반직이 9급에서 8급 승진하는 날, 신규 교사의 첫 스승의 날 등에 축하 식사나 케익을 선물한다. 이날은 이들이 생애 최초로 승진하는 날이거나, 생애 최초로 스승이 된 것을 축하받는 날이다. 신규들을 애지중지 챙겨주는 것이야말로 이들을 잘 가르치는 것만큼이나 중요하다. 선배들의 넉넉한 품에서 이들은 품 넓은 교사로 혹은 공무원으로 성장하게 된다. 사람은 대우받은 만큼 남을 대우하기 때문이다.

생각해 보면 이들은 이제 막 걸음마를 시작하려고 용을 쓰고 있는 중이다. 게다가 한국의 교사 임용구조가 초중고 내내 제대로 삶을 즐기지도 못하고 상위권을 유지하며 고등학교를 졸업하고 대학에 가면, 좋은 교사에 대한 고민과 철학 정립보다는 임용시험을 위해 또 4년을 보낸다. 막상 어려운 시험을 거쳐 교사가 되어도 봉급이나 근무 환경은 상상과는 다르다. 이들은 아노미에 빠진 채로 자신들의 다중적 역할에 우울해진다. 그래서 가능하다면 처음은 수업과 마음을 열어주는 좋은 선배들과 함께 교육에 대한 오랜 역사도 듣고, 업무도 배우고, 교육철학도 나누고, 수업의 기술도 배우며 행복하게 시작해야 한다. 어린 시절의 경험이 성인이 되어서도 중요한 것처럼 이들의 교직 인생에서 첫 경험은 이들의 교직 인생을 결정하기 때문이다.

교장으로서 잘한 일 중 하나는 신규교사나 신입 직원들을 나름의 계획으로 건강한 교육의 동지로 성장할 수 있도록 좋은 영향력을 제공한 것이다. 어른들이 젊은이들의 생각이나 불평을 귀담아들으면 그 조직은 성장한다. 나의 지론은 '신규 직원이나 전입 교사들이 3달간 쏟아내는 불평이나 제안을 귀담아 듣고 반영하면 그 조직은 3년을 발전할 수 있다'는 것이다. 이들은 내가 가장 쉽게 모실 수 있는 변화의 동반자며 질적 고양자다.

3-4월은 신규교사들이 가장 힘든 시기다. 그간의 누렸던 시간 자유의 박탈, 그동안 없던 전혀 다른 인간관계에 대한 고민, 서툰 업무, 얄팍한 첫봉급에 대한 허탈감, 갑자기 닥친 어른 노릇 등이 한꺼번에 몰

려오는 시기다. 여름방학이 되어 스스로 번 돈으로 여행도 하면서, 여유가 생길 때까지는 신규들을 신주단지 모시듯 귀하게 그리고 따뜻하게 대해줘야 한다. 그래야 사람 사는 학교다.

함께 근무한 직원의 말처럼 신규들을 애지중지 '들·고·가야' 한다. 경력자들은 신규나 직급이 낮은 직원들을 '귀담아 들어주고, 잘못된 것이 있으면 친절하게 고쳐주고, 모르는 것이 있으면 인내를 가지고 가르쳐 주어야' 조직은 미래가 있다는 말이다. 신규직원들이 교직에서 처음으로 만난 강 앞에서 두려워할 때 필요하다면 번쩍 '들고가' 좋은 자리로 옮겨 준들 무슨 흉이 되겠는가?

'마더 테레사 효과' 연구가 있다. 두 집단을 나누어 한 집단은 아무것도 보여주지 않고, 한 집단은 마더 테레사의 선행을 영상으로 보여주었다. 실험 후 조사해 보니, 마더 테레사의 행동을 시청한 집단은 그렇지 않은 집단보다 면역력이 증가했다고 한다. 남이 하는 선행을 간접적으로 보는 것만으로도 그런 효과가 있는데, 나와 동시대에, 같은 학교에서 좋은 모델이 되어 주는 선배들의 모습을 보고 그들의 지지를 받으면서 신규교사 시절을 보낸다면 더 말해 무엇 하겠는가?

젊은 교사들은 좋은 선배의 행동을 보는 것만으로도 강하고 튼튼한 교사가 될 수 있다. 게다가 좋은 경험을 제공하고 기다려주는 선배의 배려를 경험할 수 있다면 이보다 확실한 면역력 증강 방법이 있겠는가?

징징이·투덜이

 학교에는 매사에 불만족하고 일단 불평부터 하는 사람들이 있다. 교장에게는 '일을 너무 벌리고, 노상 자리에 없고, 너무 잔소리가 심하다.'고 불평한다. 동료들에게는 '잘난 척하고, 아첨하는 사람뿐이다.' 학생들에게는 '예의 없고, 기초 실력이 없어 가르칠 맛이 안 난다.'고 투덜거린다. 대체로 이들은 자신들이 너무 열심히 일하는데 과소평가되고 있다고 생각하면서 불평으로 시간을 보낸다. 이들은 방치하면 다른 사람들에게 불행한 바이러스를 전파한다.

 사람들의 기본적인 행동 양식을 알면 이들을 다루는 데 어느 정도 도움이 된다. 예를 들어 교장이 무엇을 해도 일단 반대할 것이라는 걸 알고 있으면 그냥 무시하고 시작할 수 있다. 어떤 일을 시켜도 어차피 투덜댈 거라는 것을 알면 권유하거나 반응을 고민하지 않고 그냥 시킬 수 있다. 어차피 부정적인 것에 집중해서 불만꺼리를 찾아낼 것이라면 이들을 불평하게 놔두고 다른 사람들과 함께 긍정적인 것에 집중하면 된다.

징징대는 사람들이 있어도 잘 해낼 수 있다. 징징대는 것마다 신경을 쓰고 불평하고 징징댈 때마다 마음을 상하면 아무것도 할 수 없다. 한두 명의 징징거리는 학부모나 교직원을 초기에 잘못 다뤄 학교가 초토화되는 사례도 얼마든지 있다. 때로는 대범하게 가야 한다. 무시해야 할 것은 무시할 줄 알아야 조직이 앞으로 갈 수 있다..

어려서 아이들을 키울 때 아이들은 영악하게도 상점 안이나 집에 손님이 왔을 때 더 많이 징징대거나 심지어 바닥에 드러누워 떼를 쓰곤 한다. 이 지점이 중요하다. 이 한번을 어떻게 넘기느냐에 따라 아이와 나의 삶이 달라진다.

떼를 쓰는 아이를 이기지 못하고 원하는 것을 사주기 시작하면 강도가 점점 세지거나 아예 부모가 통제할 수 없는 상태로 빠진다. 경험상 아이를 제압할 수 없다면 가장 좋은 처방은 무시하는 것이다. 악을 쓰고 울면 '목소리가 커서 웅변은 잘 하겠구나.' 정도로 가볍게 대응하면 대체로 아이들은 제풀에 지쳐 털고 일어선다. 아이들은 엄마나 아빠가 마음대로 하기 어려운 존재라는 것을 깨닫는 순간 포기하게 된다. 이런 일들로 씨름하느니 그들이 원하는 대로 해주는 것이 낫다고 들어주기 시작하면 아이들은 부모를 훈련시켰다고 쾌재를 부른다.

이런 일들은 학교에서도 일어난다. 일부 교사들은 일종의 징징거리기를 하며 떼를 쓴다. 어떤 업무를 맡기면 일하기 싫다든지, 어차피 실패할 거라든지, 너무 어렵다든지, 건강이 나쁘다든지 여러 핑계로 징징거리며 떼를 쓴다. 다른 직원이나 교장들이 그 사람에게 일을 시키느니 차라리 다른 사람을 시키는 게 더 낫다고 생각하게 만든다. 이들은 처음에는 약간의 미안한 마음으로 자신의 요구를 관철하지만 점차로 당연한 것이 되고, 한 번의 징징거림이나 투덜거림으로 1년이 편안해지는 몇 번의 경험으로 습관적인 징징이가 된다.

학부모도 마찬가지다. 무언가를 징징거리고 떼를 쓸 때 그 순간을 모면하기 위해 말도 안 되는 것들을 들어주거나 피하게 되면 다른 것을 찾아내 또 징징거린다. 많은 어른들이 어린 아이처럼 징징대고 떼를 쓰고 투덜대면서 그들이 원하는 것을 얻고 다른 사람들을 조종한다. 교장에 따라 학부모 민원이 끊이지 않는 경우가 있다. 원래 조금 과한 사람도 있지만 많은 경우 징징이 학부모를 다루는 방식의 차이로 다른 결과가 발생한다.

징징이들을 관리하는 효과적인 방법중 하나는 원칙을 알렸는데도 떼쓰기가 계속되면 무시하는 전략을 써야 한다. 일단 징징거림이 통하지 않는다는 것을 알게 했다면 적절한 시기에 일감을 주어 이들을 바쁘게 만들어야 한다. 이들은 한가하면 여기저기서 투덜거리면서 부정에너지를 퍼트리기 때문에 주의해야 한다. 어설프고 사소하더라도 이들이 할 수 있는 것을 맡겨서 불평의 시간을 없애야 한다. 도움이 안 된다 해도 그냥 놀게 두어서는 안 된다. 이들은 여유 시간을 불평거리를 찾는 데 쓰게 될지 모르기 때문이다.

다만 이들을 바쁘게 할 때 고려할 것이 있다. 예를 들면 학교 평가를 위한 업무라든가, 수업 개선 계획을 짠다든가, 학교 전체를 움직이는 일을 하라고 하는 것은 비생산적일 수 있다. 적당한 시간과 노력이 필요하고, 핵심적이지 않고, 단순하지만 공개적이고, 여러 사람들과 공유해야 하는 업무를 찾는 것이 좋다. 때에 따라서는 책임은 크지 않지만 성과는 사람들의 주목을 끌 수 있는 것들이 좋다. 그리고 그들의 임무를 공개석상에서 발표하고 작은 성과라도 공표하고 공유한다.

내가 교감 시절 정말 아무 일도 제대로 하지 못하고 늘상 징징거리며 주변으로 돌던 교사가 있었다. 동료들조차 담임은 엄두도 못 내고 소소한 업무조차도 맡길 수 없다고 생각했다. 다른 교사들은 못마땅했지만 기대를 접고 아예 열외를 시켰다. 그 교사도 어정쩡하지만 나름 그 상황을 즐기고 있는 것처럼 보였다. 학력이나 배경을 보았을 때 이 정도로 못 할 수는 없는 사람이었다. 아마도 처음 그가 징징거릴 때 잘못 길들은 것은 아닌가 싶었다.

나는 그 교사에게 작은 일거리를 추진하도록 했다. 공개적으로 그 교사의 역할을 소개하고 다른 직원들에게도 협조하도록 도움을 요청했다. 약간의 압력을 주기 위해서 정기적으로 보고하게 하고 그가 쏟은 시간과 노력이 아무리 적어도 긍정적인 피드백을 했다. 그러자 그 교사의 다른 행동들도 변화가 일어났다. 상습적인 지각이나, 학교행사 불참, 협업 거부 등이 어느 정도 나아졌고 무엇보다 수업에 작지만 의미있는 변화가 생겼다.

이 교사가 주어진 업무를 잘하고 못하고는 별로 중요하지 않다. 잘하든 못하든 그의 노력에 감사했고 그가 일을 잘 할 수 있도록 적극적으로 지원했다. 하나가 끝나면 다른 일거리를 찾아서 주었다. 물론 몇십 년을 이어온 행동이 한 학기의 노력으로 완전히 개선되지는 않았지만 적어도 불평하면서 징징대거나 남들에게 피해를 주는 행동은 덜 했다.

학부모도 마찬가지다. 원칙을 설명해도 계속 떼를 쓰면 '그저 들어주는' 무시전략을 사용한다. 충분히 들어주고 공감하되 반복적으로 원칙을 말하는 것은 다른 형태의 무시전략이다.

어느 조직이나 징징거리는 사람이 없을 수는 없다. 중요한 것은 징징거리기 시작할 때다. 이때를 잘 다루지 못하면 이들이 방해꾼이 되거나 최소한 다른 사람을 힘 빠지게 한다. 최소한 습관이 되도록 방치하거나, 부당하게 취한 이득으로 여유를 누리게 해서는 안 된다. 그런 행동이 습관이 되면 결국 수업과 아이들 교육에도 영향을 미치기 때문이다. 무엇보다 열심히 하는 다른 교직원들을 맥 빠지게 한다.

결정의 X축, Y축 이론이 있다. X는 법규와 규정, 원칙 등이고, Y는 관계로 본다면 법과 규정, 원칙을 지키려면 Y축 즉 관계는 좁아질 수 있다. 어떤 경우는 Y축 즉 관계가 0인 경우도 있을 것이다. 때에 따라서는 법규와 규정이 아닌 관계를 중시해야할 경우 원칙의 X축이 0으로 무시되는 경우도 있다.

징징거림을 막는 전략은 사람마다 다를 수 있다. 징징거리는 것이 처음이라면 관계나 인정에 휘둘리지 말고 원칙에 따라 대응하는 것이 좋고 오래된 습관이라면 적당한 무시 전략과 일거리 주기로 관계축을 활용하는 것도 좋다.

학교장은 모든 사람들에게 인기 만점일 수는 없다.
'우리 교장 선생님 좋아요! 생전 싫은 소리 안 하세요.' 사실 리더로서 이런 말을 듣는 것은 충분하지 않을뿐더러 바람직하지도 않다. 리더는 조직이 성장하고 발전하도록 이끄는 사람이다. 성장하고 발전하기 위해서는 어느 정도의 고통과 쓴 소리 때론 외로운 결단과 냉정함도 필요하다.

함께 성장하기

1. 제대로 가르치기
2. 공포심 받아들이기
3. 성장 지원하기
4. 끊임없이 자극하기
5. 개별과 집단 선택하기

제대로 가르치기

　공무원으로서 혹은 교사로서 지켜야 할 규범을 잘 지키지 않거나 학급경영이나 수업에서 부적절하게 행동을 하는 교직원들이 있다. 이럴 경우 교장들은 고민에 쌓인다. 이들에게 언제 어떻게 잘못된 행동을 고정할 수 있게 가르쳐야 할까? 잘 못 말했다가는 오히려 화를 내거나 그나마도 그르치면 어떻게 하나?! 많은 생각을 하게 된다.

　이런 경우 학교장은 몇 가지 방법으로 대응할 수 있다. 잘못된 행동을 참고 모른 척 넘어가거나, 화를 내며 질책하거나, 적절한 방법으로 가르치고 스스로도 모범을 보이는 것이다. 어떤 방법을 선택할지 결정은 교장이 하지만 성공적인 교장들은 조금 힘들고 인내가 필요하지만 마지막 대안을 선택한다.

　참고 모른 척 넘어가는 것을 반복하다 보면 잔소리하지 않는 교장이라는 혀끝 달콤한 소리는 들을지 몰라도 징징이들을 양산해서 학교를 어렵게 하는 결과를 만든다. 또 화를 내면서 질책하는 방법은 당장은 효과가 있을 수 있어도 근본적인 변화를 만들어내지는 못한다. 게다가 요즘은 교장이 잘못 화를 내다가는 갑질 프레임에 놓일 수 있다.

성공적인 교장들이 선택하는 '가르치고 모범을 보이는' 방법은 적절한 방법으로 어른 노릇을 하는 것이다. 여기서의 가르친다는 것은 훈계나 지적질 혹은 좋은 행동을 단순히 설명하는 것을 의미하지는 않는다.

잘못된 행동을 제대로 가르치는 방법은 여러 가지가 있을 수 있다. 우선 한두 명을 가르칠 필요가 있는 경우 개별 면담이나 상담을 통해 해결책을 찾을 수 있다. 교장이 신뢰를 받거나 정통할 때 효과적인 방법이다. 만약 그렇지 않을 경우 교사들의 화를 돋울 수 있으니 주의해야 한다.

다음으로 특정한 내용을 여러 교사에게 가르치고 싶거나, 다수의 교사들이 지도가 필요할 경우 교사 시절 학생들에게 했던 방법을 적용해 볼 수 있다. 즉, 전체-부분-전체 방식이다. 변화시키고자 하는 행동을 전체에게 개괄적으로 설명한 다음 필요한 사람에게는 개별적인 지도를 하고, 어느 정도 진행되면 전체에게 다시 한번 설명함으로써 확인하는 방법이다. 이 방법은 시간을 줄일 수 있을 뿐 아니라 전체에게 공감대를 형성하여 의도하는 행동을 효과적으로 전파할 수 있다.

예를 들어 학교 시설물 관리를 제대로 해야 한다고 생각할 때 잔소리나 지적질로는 변화가 없다. '깨진 유리창의 법칙'이 있듯이 관리가 잘 된 시설은 학생들의 학교생활을 안정적으로 하게 한다. 그런데 이

것이 생각만큼 쉽지가 않다. 직원회에서 자주 말하면 잔소리가 되고 시설관리 주사에게 지시하면 작업량이 많다고 투덜거린다. 어떤 경우는 행정실과 교무실의 감정싸움이 되기도 한다. 행정실은 교사들이 아이들 지도를 못하니 시설 관리가 엉망이라 하고 교사들은 행정실에서 제때 일처리를 해주지 않고 불평만 한다고 원망한다.

학교도 집과 같다. 집안을 깔끔하고 안전하게 유지하는 것은 엄마나 아빠가 하는 일이 아니고 가족 모두의 일이듯이 학교의 시설도 어느 누구의 일방적인 관리나 책임에 있지 않다. 어느 교장은 3월 첫날 교직원전체가 학교 구석구석을 함께 돌며 학교의 시설을 확인하고 쾌적한 환경을 만들기 위한 아이디어와 중장기 계획을 논의한다고 한다.

나는 평소에도 행정 실장과 함께 교사를 자주 돌아다니며 학교의 시설 상태를 확인하곤 한다. 물론 발견되는 소소한 것들은 그때그때 처리하지만 전문가가 보아야 하는 시설물도 있으니 행정실장과 함께 확인하는 것은 처리 속도나 관심 면에서 많은 도움이 된다. 화장실 문을 일일이 열어 문짝이나 변기 상태를 확인하고 위험하거나 취약한 곳은 발로 구르기도 하면서 확인한다. 그런 다음 해당 구역 관리 교사나 담당자가 조치할 것은 조치하고 그렇지 않은 경우는 전문가를 불러 처리한다.

만약 시설관리가 필요하다면 나는 일단 전체 직원회의에서 시설관리에 대한 철학이나 내용들을 말한다. 화장실 막힘 문제만 해도 화장실수와 학생수를 분석해 보면 아이들이 드세다고만 할 수는 없다.

산술적으로 한 화장실에 15여 명 이상의 학생들이 사용하는 데다 30년 이상 된 건물에서 하루에 한 번꼴로 막히지 않는 것은 그나마 우리 아이들이기 때문에 가능하다고 생각한다. 나는 기회가 되면 학교 시설에 대한 기본 철학을 나누고 시설 관리에 대한 몇 가지 구체적인 상황들을 합리적으로 요청한다.

> 학교의 기물은 우선 튼튼해야 하고, 편리해야 하고, 아름다워야 합니다.
> 튼튼해야 하는 이유는 아이들이 극성맞아서가 아니라, 사용 빈도가 절대적으로 많기 때문입니다. 우리 학교 화장실만 봐도 학생 300여 명이 활동하는 한 층에 남녀 화장실이 각 1동이 있으니 화장실 한 동을 약 150여 명이 씁니다. 변기 1개를 15명 정도가 쓰는 꼴이지요.
>
> 가정에서 4인 가족일 경우 대개의 집에서 변기 하나를 2명 정도 쓰지요. 하루에 2번 집에서 용무를 본다고 가정한다면, 가정의 변기는 1일 4번 정도 사용되는 것이고, 학생들은 학교에서 평균 12시간을 머무르니 2시간에 1번만 쓴다 해도, 6회×15명 즉, 학교의 변기는 하루에 90번 정도 사용되는 셈입니다. 가정에서의 사용 횟수의 20배가 넘습니다. 게다가 우리 학교는 30년이 넘은 건물이니 오죽 하겠어요?
> 그러니 학교 물건이 부서지고 깨지고 고장 나는 것은 지극히 정상이 아닐까 생각해 봅니다. 그것을 막으려면 20배 이상은 견고해야 합니다. 게다가 힘이 넘쳐 주체 못하는 혈기왕성한 10대들이 모여 에너지를 쏟아내는 곳이니 쯧쯧~ 학교의 물건들만 불쌍한 노릇이지요. 그러니 더 자주 고치고, 더 자주 돌보려 합니다. 제가 더 열심히 살피겠습니다. 선생님들은 아이들만 사랑하세요.
>
> (2012. 9월 교직원 쿨편지 중)

학교 시설 상황과 관리에 대한 학교장의 철학과 명확한 기대를 설명하고 스스로도 시설 관리에 솔선하면서 모범을 보인다. 그런 다음 교실이나 특별실 관리가 문제인 몇몇 선생님들과는 개별적인 면담을 하는 것이 좋다. 그리고 가끔은 전체 직원들에게 변화에 대한 진심 어린 칭찬을 함으로써 자긍심을 나눈다.

"학교를 돌아볼 때마다 행복해집니다. 아이들은 반듯하고 환경은 쾌적합니다. 이런 모든 것들은 선생님들의 정성스런 교육과 세심한 관리 덕입니다. 진심으로 감사합니다. 소소한 하나하나가 쌓여 학생들의 자긍심이 되고, 학교가 학교의 역할을 다하게 되는 것은 오로지 여러분들 덕입니다."

잘못된 행동을 가르치지 않고 방치하는 것은 학교장으로서 옳은 선택은 아니다. 어찌보면 불편한 상황을 만들지 않아 편할 수는 있지만 제대로 행동하는 많은 교사들을 허탈하게 만들 수 있다. 구성원들에게 옳고 적합한 것을 제대로 가르치고 제대로 배울 수 있는 환경을 만드는 것은 리더가 해야 할 일이다.

다만 교직원들에게 '가르친다'는 것을 혼내거나 지시로 이해하지 않기를 바란다. 가르치는 방법 중에 가장 하수는 혼내는 것이고 고수는 스스로 모범을 보여 따르게 하는 것이다. 학교장의 솔선수범은 어떤 경우에도 최선의 교훈이다.

가르치기 위한 3원칙이 있다고 한다. 다른 사람이 없는 1:1 환경에서, 사적 감정을 빼고, 과거의 다른 일이나 오지도 않을 미래 일이 아닌 지금에 집중하는 것이다. 그래야만 제대로 가르칠 수 있다.

공포심 받아들이기

　변화의 가장 큰 장애물은 공포다. 익숙하지 않은 것에 대한 공포, 실패에 대한 공포, 창피함에 대한 공포, 그리고 우리가 알지 못하는 다른 공포들이 있다. 만약 교사들 중 새로운 방식의 수업을 고집스럽게 거부하고 있다면 어쩌면 한 번도 해보지 않은 수업 방법에 대한 공포가 기지에 깔려 있는지도 모른다. 교사들이 수업 개빙을 꺼리는 이유도 다른 사람들이 자신을 판단할지 모른다는 평가에 대한 공포일지 모른다.

　오래전 가족과 함께 바다에 갔을 때 바나나 보트를 탄 적이 있다. 해변 가까이 도착하자 스릴을 즐기려는 아이들을 위해 조종하는 사람이 일부러 보트를 뒤집었다. 나는 그 순간을 지금도 악몽으로 기억한다. 물에 빠져 공포로 죽을 것 같은 나에게 아이들은 깔깔대며 '엄마 발 닿아! 일어나!'라고 외쳤지만 허우적거리며 일어나지 못했다. 결국 남편의 부축으로 일어나보니 물은 가슴 아래였다. 그 순간에 나는 물에 빠져 죽지 않을 것이며 구명조끼를 입었으니 물에 뜰 것이라는 것을 머리로는 알았지만 그것을 믿고 행동하지 못했다. 물이 내 가슴 높이보다 낮다든가, 구명조끼를 입었다는가, 최악의 순간 누군가 구조해 줄 것이라는 합리적인 이유는 공포를 극복하는 데 전혀 도움이 되지 않았다. 물은 나에게 그저 공포다. 공포는 어찌보면 비합리적 심리기제다.

마찬가지로 변화에 저항하는 교사들의 기저에 깔린 공포는 이론적으로 혹은 합리적으로 설명할 수 없을지 모른다. 수업 공개에 공포감을 가진 신규교사에게 동료 교사들도 다 같은 과정을 거쳤으니 걱정마라고 설득한들 소용이 없을지도 모른다. 학부모에 대한 공포로 상담을 꺼리는 교사에게 학부모는 교육의 동반자라고 설득한들 소용 없을 수도 있다. 공포는 학교생활 도처에 있다. 심지어 능력이 충분하고 경험이 있는 고경력 교사들도 변화에 대한 공포가 있다. 그 공포를 이해하고 공포를 함께 극복할 수 있도록 돕는 동료가 있다는 것만으로도 도움이 된다.

> 너무 심각하게 생각하지마. 아주 잘 하고 있어. 그대처럼 명민하면서도 따뜻하게 아이들을 보는 사람은 흔치 않지. 나는 내 고민을 함께 고민해주는 그대가 있어 좋아. 그리고 O부장에게는 평범한 나를 비범한 교장으로 만드는 특별한 재주가 있거든. 학교 일을 아이들과 본질에 입각해서 판단하게 해 주잖아.
>
> 그대보고 '자기 편하려고 저렇게 한다'는 생각을 하는 사람은 아무도 없을 거야. 옳은 길이면 시간이 걸려도, 머뭇거리면서라도 가야 된다고 봐. 고민

하고 있다는 것만으로도, 생각의 아고라에 고민거리를 꺼냈다는 것만으로도 충분히 가치 있어. 그리고 한두 사람의 반대는 항상 있어. 마땅히 있어야하고. 그게 없으면 그건 인간사회가 아니지. 더구나 행복한 사회는 더더욱 아니고. 그러니 두려워 말고 가. 기죽지도 말고.

– 중 략 –

곳간에 쌀도 있고, 돌아갈 집도 있고, 달랑 하루지만 휴일도 있고, 게다가 그대를 철석같이 믿는 나도 있잖아? ㅋㅋㅋ

그리고 하나 더! 역사는 흐른다 그것도 발전하면서!

(2014.10 정책 추진중 어려움을 겪는 부장에게 보낸 편지 중에서)

때때로 감성은 이성을 이긴다. 공포는 논리적, 이성적 기제가 아니라, 감정에 뿌리를 두고 있다. 그래서 공포는 논리에 의한 것이 아니라 익숙함, 절실함, 혹은 절대적 필요성과 같은 심리적·정서적 기제에 더 잘 반응한다는 것을 이해하면 좋다. 그것도 아니라면 받아들일 수밖에 없는 체념의 시간이라도 필요하다.

어른들도 새로운 것을 시작하거나 배워야 할 때 공포와 두려움을 가지고 있는 학생들과 같다. 새로운 것은 낯설음 자체가 공포이기도 하지만 제대로 알지 못한다는 것이 가장 큰 공포의 원인이다. 그래서 교직원들도 좋은 학습 방법을 적용해서 새로운 방법을 배우고 숙달할 수 있도록 기회를 제공할 필요가 있다. 동시에 익숙해짐으로써 공포를 극복할 수 있는 시간적 여유를 주어야 한다.

그래서 학교가 학습 공동체로서의 기능을 다하도록 조직하는 것은 매우 중요하다. 많은 학자들은 포스트 코로나 시대의 지식과 기술의 주기는 더 짧아질 것으로 예측한다. 한 예로 이제 겨우 화상수업에 익숙해져서 사용할만한데 기업이나 앞서가는 기관에서는 메타버스라는 새로운 세계를 열어가고 있다. 학교는 아이들이 살아갈 미래를 위한 지식과 기술을 가르치는 곳임에도 앞서기는커녕 따라가기도 버거울 지경이다. 새로운 모든 것을 교사들이 다 받아들일 수는 없을 것이다. 다만 새로움을 두려워하지 않고 변화와 도전의 길에 들어서려 노력하는 것만으로도 학교는 역할을 하고 있다고 생각한다.

중요한 것은 교직원들이 '공포심'을 가지고 있다는 것을 학교장이 알고 이해하는 것이다. 그래야 지지하거나 인내할 수 있다. 교사들의 새로움과 변화에 대한 저항을 단순한 반항이나 게으름 등으로 보지 않고 누구나 가질 수 있는 새로운 도전에 대한 두려움으로 이해한다면 학교는 훨씬 따뜻하고 지지하는 분위기가 될 것이다. 그리고 두려움을 극복할 방법과 시간을 제공하려 노력할 것이다.

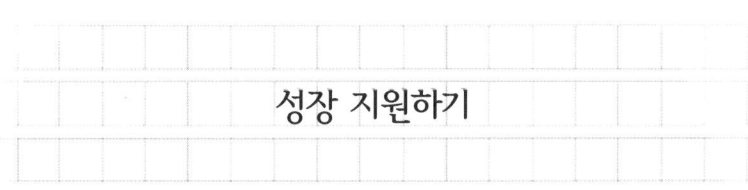

성장 지원하기

　최고의 교사들은 학생들이 스스로를 가치있게 생각하도록 한다. 학생들의 특성과 현재 상황을 알고 개별적인 지원을 통해 참여를 독려하고 결국에는 성공하도록 이끈다. 위험이 있을 수도 있지만 조금씩 조금씩 넓은 경험의 세계로 이끌어서 확실한 결과를 만들어낸다.

　최고의 학교장은 모든 직원들을 가치 있게 생각하며 그들이 가지고 있는 개별적 능력과 관심에 기반하여 그들이 직업적으로나 개인적으로 성장하고 성공할 수 있도록 지원한다. 능력이 있는 교사는 교사대로 그렇지 못한 교사들은 그런대로 성공 경험을 만들어 가면서 성장할 수 있도록 지원하고 이끈다. 성장하는 조직은 성장하는 구성원들에 의해 만들어 진다.

　겁이 많거나, 능력이 부족하거나, 아예 시도조차 하지 않으려는 교사들에게 작은 성공은 매우 중요하다. 작은 것에 성공하면 조금더 큰 위험도 감내할 마음이 생기기 때문이다. 좋은 교사들을 골라 모으는 것이 학교 변화에 좋은 방법이겠지만 현실적으로 그럴 수도 없고 그럴 필요도 없다. 함께 있는 사람들을 성장하게 하는 방법을 선택하면 된다. 지금 나와 있는 사람들을 성장시키고 행복하게 하는 것이야말로 리더가 할 가장 중요한 일이다.

교직원들을 성장하게 하는 가장 좋은 자양분은 칭찬이다. 좋은 칭찬은 어른이나 아이나 다 좋다. 심지어 교장인 나도 칭찬이나 감사로 피드백 받을 때 기분이 좋다. 공개적으로 소란스럽게 할 것까지는 없지만 짧은 노트나 메신저 등으로라도 소소한 칭찬을 놓치지 말라.

성격에 따라 세세하게 칭찬하거나 반응을 쑥스러워하는 교장도 있겠지만 교직원들에 대한 따뜻한 관심, 적절한 칭찬과 피드백은 교장이 갖추어야 할 능력 중에 하나다. 만약 이 능력이 부족하다면 교사가 수업기술을 향상시키기 위해 노력하듯이 학교장은 적절한 칭찬 능력을 개발하기 위해서 연수라도 받아야 한다. 교직원에 대한 세심한 관찰과 적절한 칭찬기술은 교장의 중요한 직무 능력이기 때문이다. 그러나 언제나 칭찬이 약은 아니다.

잘못된 행동이나 철학의 빈곤으로 이루어진 행동들은 확실하게 지도해야 한다. 학교장의 지도는 또다른 모습의 칭찬이다. 누군가를 지도한다는 것은 성장을 믿기 때문이다. 교직원들에 대한 지도는 자존감을 보호해야 하고 지금의 결과가 아닌 성장을 전제로 한 미래를 이야기해야 한다. 확실하게 짚고 가야할 부정적인 행동이나 생각들은 따로 시간을 두고 교장실 차담 등 1:1 대화로 해결하라.

기억해야 할 것은 방향을 바꾸어 줄 적절한 시점을 찾아주는 것이다. 눈에 띄지 않게 방향을 바꿔주는 것에서 변화의 도약점이 된다는 것을 기억해야 한다. 마치 적절한 시점에 가지치기를 하고 가지의 방향을 틀어주는 것이 결실을 높이기 위한 방법인 것과 같다. 최고의 교장들은 변화하려 하지 않는 교직원들을 놓치지 않고 올바른 방향으로 가는지 주시하고 있다가 이를 강화하거나 억제한다. 좀 과격하게 말하자면 '좋은 분이지만 몇 가지 중요한 교육적 원칙에 어긋나면 죽음이다!'는 생각을 가지게 할 필요가 있다.

학교장은 섬세해야 한다. 모든 상황을 잘 알고 있어야 한다는 말이다. 참견하라는 것이 아니라, 어떤 교사들이 더 많은 일을 하고 있는지, 어떤 교사들이 첫발을 떼려고 힘쓰고 있는지, 어떤 교사들이 반대편으로 교사들을 끌고 가려고 호시탐탐 노리는지를 알고 있어야 한다.

가끔 교사들이 어려워할까봐 교내를 돌아다니지 않는다거나 야간자습할 때 일부러 안 다닌다는 교장도 있다. 그러나 보이지 않는 곳에서 열심히 하는 교사들조차 인정이 필요하다. 누구를 감시하기 위해서가 아니라 보이지 않는 노력을 찾아내기 위해 교장은 부지런해야 한다. 그렇다고 시험 기간 전 주나 바로 다음 주, 가장 졸린 5교시에 교실을 돌지 않기를 권한다. 그것이야말로 교사를 감시하는 것처럼 보인다.

직원을 성장시키는 다른 하나는 가끔 눈 질끈 감아 주는 것이다. 옛말에 '결혼 상대 고를 때는 눈 크게 뜨고 고르고 일단 결혼했으면 눈 가늘게 뜨고 살라'고 했다. 어떤 교사는 거의 눈을 뜨지 않고 살아야 할 때도 있을 것이다. 사실 학교장이 교직원들의 삶을 통째로 변화시킬 수 없고 그럴 필요도 없다.

학교장이 할 일은 그 사람이 가지고 있는 가장 긍정적인 것들을 찾아내 조직 안에서 활용하면 된다. 아무리 부정적인 사람이라도 교사라면 어떤 수준까지는 일정부분 교육적이며, 열정적이고, 창의적이다. 그 부분을 찾아내 빛나게 쓰면 되는 것이다. 그러면 그 교사는 장점을 키우고 단점을 줄여가며 성장하게 될 것이다. 가장 골치 아픈 교사일지라도 교사라면 어느 정도 옳고 좋은 일을 하고 싶어 한다. 비록 부족하게 느껴지는 교직원이 있다 해도 눈을 씻고 찾아보면 분명 잘하는 게 있다. 그것들을 알아차리고, 노력을 칭찬하고, 부정적인 것들은 가끔 눈 감아 줌으로써 긍정적인 면을 강화하도록 노력하자.

나는 사람의 장단점의 총량은 같다고 생각한다. 장점을 끌어올리면 단점의 수위가 내려가고 단점의 수위를 올리면 장점은 내려간다. 그래서 단점을 장점으로 인식하면 장점은 많아지고 단점은 줄어든다. 그러므로 자꾸 잘못된 점을 지적해서 기죽게 하지 마라. 부부생활과 마찬가지로 7:3 법칙이다. 지적이나 지시 3개 했으면 칭찬은 적어도 7개 이상 해야 한다. 그렇게 하면 교직원들은 칭찬거리를 9개 제공한다.

지금까지 나의 경험은 이 신념을 배신한 적이 없다. 가끔 도끼로 내 발등을 찍는 일도 있지만 도끼 찍는 그까짓 1%의 사람들 때문에 99%의 선량한 교직원들을 믿고 긍정적인 면을 고무하는 일을 멈출 수는 없다.

사랑은 결코 배신하지 않기 때문이다.

끊임없이 자극하기

교장들이 가장 많이 듣는 말 중 하나는 변화가 효과적으로 이뤄지려면 '지속적'이어야 한다는 것이다. 경계해야 할 것은 '한번'에 끝내려는 조급한 마음이다.

한두 번의 유명한 혹은 능력 있는 강사를 부르거나 연수나 워크숍에 참여하는 것으로 변화가 지속될 수 없다. 우리도 수많은 연수를 받아 봤지만 연수원 문밖을 나서는 순간 모든 것을 잊고 원점으로 회귀하는 경험을 가지고 있다. 물론 짧은 연수 시간의 문제이기도 하지만 학교로 돌아오면 어쩌지 못하는 바쁜 일상이나 업무가 기다리고 있다. 짧은 노출 경험은 노출 시간만큼만 작동한다. 이렇게 배운 것은 쉽게 잊혀지며 행동 동기도 금방 사라진다. 따라서 일단 변화의 첫걸음을 떼고 시작했다면 정기적, 부정기적 강화를 지속적으로 함으로써 변화 동력을 유지할 필요가 있다.

교직원들을 강화하는 좋은 방법은 교직원들이 연수나 세미나 등에 주기적으로 참여하거나 학습공동체를 통하거나 개인적으로 공부하는 것이다.

학교에 충분한 예산이 있거나 교사들에게 시간이 충분하다면 이 방법이 강화를 지속하기 위한 가장 좋은 방법이다. 그러나 예산은 물론 교사들이 시간을 내기가 쉽지 않다. 초기에 한 번의 기회를 얻기도 힘든데 정기적으로 연수를 하거나, 전문가 코칭을 받기는 거의 불가능하다.

더 솔직히 말하면 예산의 문제라기보다 학교의 분위기와 교사의 열정 문제일 수 있다. 어느 학교는 1년 내내 자발적인 연수가 한 번도 이루어지지 않고 성적관리지침, 생활기록부 작성요령 등 의무 연수로 채우는 경우도 있고 어떤 학교는 끊임없이 좋은 연수로 교사들을 자극하기도 한다. 게다가 정작 연수가 필요하고 강화가 필요한 교직원들은 관심이 없다. 그들은 발전과 변하에는 관심이 없고, 자신이 편한 것을 택하기 때문이다. 마치 학부모 교육에서 정작 교육이 필요한 사람들은 참석하지 않는 것과 같다. 그렇다면 어떻게 교직원들을 강화하고 지속적인 변화의 동력을 제공할 수 있는가?

앞서 말한 지속적인 연수와 학교 내의 학습 공동체 활성화도 필요하지만, 현재의 교육 여건에서 '학교의 변화'가 평범한 일상 대화가 되게 하는 것이 중요하다. 공개적이든 비공개적이든 변화 노력을 칭찬하고 고무하면 학교장 스스로도 쉬지 않고 자극하는 것이다. 같은 교무실이나 학년 선생님들이 수시로 비정기적인 토의를 진행하고 주제에 맞는 책과 글을 공유하고 필요한 경우 교장실 차담을 통해 일상적인 순간순간에 새로운 아이디어를 투입할 기회를 제공한다.

 배움의 동기는 필요성을 느낄 때 극대화 된다. 따라서 교직원 회의나 부장회의 등에서 지속적으로 변화 필요성을 피력하고, 변화의 과정을 다양한 경로로 공유하고, 외부에서 하는 연수 등을 잘 살펴서 관심을 갖게 하고, 쿨이나 메신저 등을 통해 주의를 환기시키는 것도 일정부분 효과가 있다. 이러한 일상적인 노력은 전문적인 한 사람이 와서 단발적 연수로 일시적 자극을 주는 것보다 훨씬 효과적이며 궁극적으로 교사들의 자발성을 만든다.

 무엇보다 학교장의 태도가 중요하다. 스스로가 변화에 무관심하고, 노력을 고무하지 않고, 시대적 교육 현상에 관심을 보이지 않는다면 제아무리 역동적인 연수나 워크숍도 교사들에게는 헛구호가 된다. 몇몇의 교사들이 학교 밖의 여러 연수나 공동체에 참여해서 배운 것을 지속적으로 탐구한다 하더라도, 학교장의 지지와 장려가 없다면 변화는 몇몇 교사에서 멈출 것이다.

 열정과 관심은 전염성이 강하다. 열정은 나누어 쓰는 것이 아니라 샘솟는다는 말에 전적으로 동의한다. 학교장 스스로도 열정을 잃지 않아야 하지만 교직원들 중에서 서툴고 날것 그대로라도 열정을 보이는 사람이 있다면 두 팔 벌려 고무하고 격려하라.
 열정은 애정에서 비롯되기 때문이다.

개별과 집단 선택하기

　사람은 각자의 이해관계에 따라 서로 다른 방식으로 움직일 수 있고, 혼자서는 망설이던 것들을 집단화되면서 강력해지는 경우가 있다. 따라서 무엇인가 부정적인 문제를 해결하기 위해서는 집단으로 접근하기보다는 개인적으로 접근하는 것이 좋다. 특히 부정적인 행농을 제거하기 위해서는 더욱 그렇다.
　만약 학급에 5명의 학생이 뭉쳐 다니며 말썽을 부린다면 5명을 함께 불러서 혼내는 것은 효과적이지 않다. 이 방식은 부작용이 있을 수 있다. 사람들을 집단으로 묶는 것은 잘못하면 동지애를 심어줄 수 있고 묶이는 순간 동료가 되고 숫자가 많아지기 때문에 더욱 대담해진다.

　교직원들과 학생들을 같은 선상에서 생각할 수는 없지만 늘 아니라고 말하거나 징징대는 사람들을 집단으로 대면하지 말라. 이들은 개별적 대면해서 한 명 한 명 설득하는 것이 효과적이다. 수업방법을 바꾸려는데 5명의 교사들이 반대를 한다면 한 번에 저항을 없애려고 하지 말고 한 명 한 명씩 개별적으로 설득해야 한다. 이때도 저항이 적은 사람부터 시작해야 한다. 도전과제는 적당해야 도전력을 잃지 않기 때문이다. 진심이 통할 것이라는 착각으로 한 번에 5명을 모아놓고 설득하려는 오만함을 접어야 한다.

칭찬도 마찬가지다. 어떤 교사가 학생 지도로 금상을 받았거나 개인 연구에 1등급을 받았다면 이것은 교사 개인의 성취이므로 개별적 칭찬이 필요하다. 또 어떤 교사가 효과적인 수업을 위해 초과근무를 하면서 연수를 듣거나 기술을 익혔다면 이것 역시 그의 헌신에 대한 개별적 칭찬이 필요하다. 이러한 칭찬은 개인적으로 하는 것이 낫다. 개인의 성취나 노력을 공개적으로 칭찬하는 것은 다른 사람들을 당황하게 할 수도 있고 잘못하면 보이는 성과나 초과근무를 권장하는 듯한 암시가 될 수 있으므로 조심해야 한다.

칭찬이든 훈계든 1:1로 하면 큰 문제가 없는데 여러 사람이 있는 공개석상에서 함으로써 어려움이 생기는 경우가 있다. 친척 여러 명이 모이거나 부부가 함께 모이고 난 후에 부부싸움이 일어나는 경우가 종종 있다. 둘만 있으면 문제가 되지 않는 것도 여럿이 있는데 망신을 주고 자존심 상하게 했다는 이유로 갈등이 커진다. 자신이 잘못하고 잘못하지 않고는 중요하지 않다. 잘못한 것은 알지만 자존심을 상하게 한 것이 더 부각된다.

교직원들에게도 무언가 교육적인 요구나 지시가 필요할 때는 가능하면 독립된 공간에서 개별적으로 해야 한다. 교감이나 부장들 혹은 동료들이 있는 데서 궁지로 몰아넣으려 하지 않는 게 좋다. 그렇게 되면 자신의 잘못은 저 뒤로 사라지고 자존심을 상하게 한 교장만 오만하거나 무례하다고 생각하게 한다.

때에 따라서는 공개적인 방법이 더 효과적인 경우도 있다.
몇몇 교사가 신학기 시작 전 자신의 학급 교실을 일일이 점검하면서 아이들 맞을 준비를 했다면, 어떤 교사가 수업 변화나, 교육과정 변화를 위해 자발적으로 연구팀을 만들어서 공부하고 있다면 이들의 노력을 공개적으로 칭찬해도 좋다. 이는 특별한 사람의 개인적인 성취가 아니라 모든 선생님들에게 기대할 수 있는 긍정적인 행동이기 때문이다. 이럴 경우 공개적인 칭찬은 다른 사람들 역시 그렇게 하도록 동기유발 시킬 수 있다. 게다가 부상을 바라고 하지는 않았지만 학교장이 이 사실을 알고 있다는 것에 감사할지 모른다.

다만 공개적으로 칭찬하려면 신중해야 한다. 개인적 사정이 다르기 때문에 누구나 다 연구회를 만들고 개학 전에 학급 청소를 할 수 없다. 그러므로 이들이 이름을 거명하기보다는 이러한 변화가 학교 전체에 확산되고 있고 이들은 교육적으로 옳은 행동을 하고 있다는 것을 알리는 것만으로도 충분하다. 모든 교사들이 할 수 있는 행동을 강화하려 할 때 누군가의 이름을 말한다면 사람들의 관심은 행동 그 자체가 아닌 그런 행동을 한 교사들에게 향하게 되고 일부는 역작용을 일으키기도 한다.

변화 성공 전략

1. 일단 시작하자고 말하라
2. 과거와 결별하라
3. 데이터를 활용하라
4. 비공식적 역학을 이해하라
5. 새로운 것을 정상으로 만들어라
6. 떠날 때를 준비하라

일단 시작하자고 말하라

어떤 변화를 실행하기 전에 100% 동의를 받을 수 있다면 더할 나위 없이 좋을 것이다. 그러나 100% 동의가 있어야 시작할 수 있다면 어떠한 변화도 없다. 실제로 너무 오래 또 너무 열심히 생각하지 않는 것이 좋은 것도 많다. 깊이 생각하고 폭 넓게 논의하는 것은 중요하지만 옳고 필요한 일이라면 일단 시작하라.

나는 교사들이 학교를 변화시키고 수업을 바꾸기 위해 열심히 고민하고 논의하기를 바라지만 진심으로 바라는 것은 행동하는 것이다. 모든 학생들이 교사들로부터 존중받으며 학교생활을 할 수 있도록 환경을 만들고 더 좋은 수업을 위해 단 한 발자국이라도 앞으로 나가기를 바란다. 물론 실패도 있을 수 있다. 그러나 경험하지 않은 실패를 핑계로 오늘의 변화를 시도하지 않는 것은 비겁하다.

변화의 과정은 학교장뿐 아니라 전체 직원들을 힘들게 한다. 어떤 순간에도 우리는 성공과 실패를 모두 경험한다. 그럼에도 성장은 때로 예기치 못한 것에서 일어나기 때문에 무엇인가 하려는 시도는 자체로 소중하다. 사람의 행동은 수많은 경험의 결과다. 필연은 수많은 우연을 가장해서 나타난다고 하지 않은가?

이상적인 조건들이 다 갖춰질 때를 마냥 기다릴 수 없다. 필요하다면 일단 저지르면서 조금 더 구체적인 것에 집중하는 것이 방법이다. 변화를 이끌고자 한다면 망설이는 선생님들에게 학교장은 '일단 해보자'고 말할 수 있어야 한다.

그러기 위해선 학교장은 정통해야 한다. '정통해야 따른다'는 말은 리더십의 본질이다. 정통하지 않고는 두려움을 가진 교직원들을 설득할 수 없고 불확실한 미래에 대비할 수 없다. 통찰과 혜안으로 시대를 살피고 희망적 결과를 도출하는 전략을 가지고 있다면 '일단 해보자'고 말하라. 누구의 책임인가를 따지거나 학부모나 지역사회의 눈치 따위는 잠시 접어두고 옳은 일을 당장 시작해야 한다.

전직원이 20명밖에 안 되는 학교라도 저항 세력은 있다. 첫술에 배부를 수 없고 어디든 반대자는 있기 마련이라고 느긋하게 마음먹어야 한다. 처음에는 영향력 있는 몇 사람과 가라. 핵심 멤버들에게 집중하면서 그들의 지지를 얻기 위해 어떻게 할 것인가? 그들을 어떻게 지지해서 다른 사람들에게 영향을 미치도록 할 것인가? 고민하면서 시작하다 보면 여기저기서 동참자가 생기게 된다.

아이들을 위해서라면 어려운 일도 마다하지 않는 교사들은 학생들을 위해서라면 일단 무엇이든 시도해 보려 한다. 그들은 다른 교사들이 그것을 하든 않든 크게 신경 쓰지 않는다. 그들의 관심사는 오로지 '내가 사랑하는 아이들'이기 때문이다.

마찬가지로 성공하는 교장들은 학교와 아이들을 위해서 일단 무엇이든 시작하려 한다. 이들은 자신의 사명감과 존재 가치를 그가 쏟은 노력으로 평가하기 때문에 자발적으로 새로운 일을 시작한다. 중요하고, 필요한 일이라면 아무리 적은 인원이라도, 저항이 있더라도 일단 시작한다. 그런 학교장들의 유일한 관심사는 사랑하는 학생과 교직원의 행복이기 때문이다.

'베이징에서 나비의 몸짓이 뉴욕에서 토네이도가 된다'는 나비효과가 있듯이 진정성 있고 자발적인 작은 시작이 결국은 큰 결실을 맺는다.

길을 아는 것과 길을 걷는 것은 분명히 다르다. 길을 알았다면 일단 첫 발자국을 떼야 한다. 그래야 앞으로 가든 뒤로 가든 움직일 수 있다. 움직여야 변화든 뭐든 이루어지지 않겠는가?

과거와 결별하라

변화를 방해하는 요소는 많지만 그 중에 하나는 과거다.

대개의 사람들 특히 변화에 저항하는 사람들은 과거를 사랑한다. 과거의 날들을 생각하는 것은 그들에게 편안함을 준다. 더 나아가 뒤를 돌아보는 것은 수많은 변명거리를 준다. '지난번 교장선생님도 해봤는데 잘 안 됐어요.' 혹은 '지난번에도 했었는데 슬그머니 끝났어요.' 혹은 '이것 만들려고 우리가 얼마나 공들였는지 아세요? 지금 아무런 문제가 없는 데 왜 바꾸려는 거죠?' '바꾼다고 뭐가 달라지죠?'

그들의 기억은 정확할 수도 있고 정확하지 않을 수도 있고, 그들의 반대는 합리적일 수도 아닐 수도 있지만 교장으로서 해야 할 일은 과거에 대한 애착이 변화의 발목을 잡게 놔두지는 말아야 한다는 것이다.

새로운 방법이 자리를 잡기 전에는 사람들은 늘 이전의 더 편안한 습관으로 회귀하려 한다. 가끔은 옛날 교장이 했던 성공이나 실패담을 들먹이며 교장의 변화 의지를 비웃거나 가로막는 경우도 있다. 과거 교장과 비교 당하는 것을 기분 나빠하거나 피할 것이 아니라 상황을 잘 살펴 앞으로 가야할지 멈출지를 결정해야 한다.

우리는 과거의 어떤 사건이나 결정들이 오늘날의 조직에 어떤 영향을 주었는지 정확히 알지 못한다. 지금은 시대에 뒤떨어진 것처럼 보이는 일들도 과거에는 실행해야만 하는 중요한 이유가 있었을지도 모르고 과거에 불필요하다고 제쳐둔 일들이 오늘에는 꼭 필요한 것들일 수 있다.

게다가 과거의 일들이 오늘날 반드시 옳은지 그른지 더더욱 확실하지 않다. 과거의 시도에도 실수가 있을 수 있다. 사람은 완벽할 수 없고 어떤 조직이든 100% 옳은 일 좋은 일만 할 수는 없기 때문이다.

과거의 실수에서 배우고 그런 실수를 반복하지 않도록 노력해야 하는 것은 맞다. 그렇다고 해서 과거를 붙들고 현재에서 복지부동할 필요는 없다. 현재의 시점에 이르기 위해서 노력한 사람들의 공을 충분히 인정하고 그들의 노력을 존중하면서도 거기에 얽매이지 말아야 한다. 우리는 미래를 봐야 한다. 어떠한 상황에서도 학교장은 늘 이런 질문을 해야 한다.

'지금도 충분하지만 어떻게 하면 더 나아질 수 있을까?'

미래를 향한 변화는 우리가 원하는 것보다 더 느리게 일어나며 우리가 생각했던 대로 행해지지 않을 때가 많다. 모든 것이 실망스러울 수도 있다. 그러나 우리가 어떻게 반응하느냐에 따라 우리가 심은 씨앗이 뿌리를 내릴지 그렇지 않을지 결정된다. 어느 조직에서나 이미 뿌리 내려진 문화가 있으면 안정성을 추구하고 변화를 피하려는 속성이 있다. 게다가 과거의 추억과 성공은 왜 없겠는가?

과거와의 결별은 생각보다 쉽지 않다. 그러므로 변화를 주도하는 필수적인 요소 중 하나는 앞으로 나아가고자 하는 어떠한 시도도 지지하고 강화하는 것이다. 변화를 위한 작은 제안 하나도 흘려듣지 않으려는 노력이 필요하다. 한 발자국이라도 앞으로 가야 언젠가는 목표에 도달할 것이 아닌가?

전입직원, 신규교사들이 과거보다는 역동적이고 새로운 내일을 마주할 수 있도록 분위기를 만들고 격려해야 한다. 이들이 탄력성을 유지하도록 지원해서 이들이 가지고 있는 변화의 날이 무뎌지고 과거의 사람으로 융합되는 것은 최대한 막아야 한다. 이들은 학교의 현재며 미래다.

또 과거의 실패를 오늘의 실패를 규정하거나 과거 때문에 오늘의 시도를 주저하지 말라. 시대도, 장소도, 구성원도 다 다르다. 옳고 좋은 일이라면 다시 끄집어내도 좋다. 시대를 잘못 만나 꽃 피우지 못한 사람과 정책은 역사 속에 얼마든지 있다. 과거에서 배우라. 그러나 과거를 답습하지는 말라.

전에 학교에서 학생들에게 자율복을 입히고 싶었다. 빈부격차나, 학생들의 일탈 혹은 '학생답지 않다'는 이유를 들어 교사, 학부모들이 반대를 했다. 학생들은 좋아하지 않을까 싶어 학생회 주관으로 설문

조사를 했다. 그런데 의외로 학생들도 교복 자율화를 반대하는 비율이 높았다. 그래서 결국 반바지 생활복 추가와 교복 입는 시기 자율화로 학생 선택권을 조금 확대한 것으로 만족하였다.

10년이 흘러 이번 학교에 부임해 보니 아이들의 건의 사항이 체육복 등교 허용이었다. 자율복에 대한 나의 열망이 반영되어 체육복 등교를 포함한 자율복 등교, 교복 등교, 생활복 등교에 대한 의견을 물었다. 그런데 이번에는 학생들은 물론 교사와 보호자들도 과반이 넘게 찬성했다.

교복을 아예 없애는 것은 절차가 쉽지 않으므로 우리 학교는 '등교복 자율화'라는 이름으로 자유로운 복장으로 등교를 한다. 하루 종일 딱딱한 의자에서 불편한 교복을 입고 마스크까지 쓰고 수업해야 하는 아이들을 생각하면 편하게 입을 자유를 주기를 잘했다는 생각이 든다. 내가 자주 하는 교장실 수업을 통해 아이들에게 '의복의 기능과 진정한 멋과 품격'에 대해 교육을 하기도 했지만 우리 아이들은 적절한 선을 지키며 자신을 표현할 권리를 당당하게 지키고 있다. 가끔은 튀는 아이들 때문에 깜짝깜짝 놀래기도 하지만 '옷 입을 자유도 없는데, 무슨 창의성?'이라는 말을 신주단지처럼 품고 숨을 고른다. 그리고 아이들의 맑은 눈을 본다. 만약 과거의 실패 경험으로 다시 시도해 보지 않았다면 우리 아이들은 이 더위에 여전히 꽉 끼는 교복 치마에 땀도 흡수하지 않는 윗옷을 입고 생활했을 것이다.

교복의 장점도 많지만 내가 생각하는 가장 큰 폐해는 구속이다. 어른의 눈으로 정해진 '학생다움'에 아이들을 가두는 것이다. 그렇다고 모든 학생들이 소위 학생답게 입느냐 하면 그것도 아니다. 게다가 한 철에 1-2개로 견디니 위생상으로도 나쁘고 몇 업체가 독과점을 하다 보니 심지어 비싸기까지 하다. 무엇보다 획일화된 교복 아래 자신을 표현하고 타인을 배려하는 의복의 진정한 기능에 대한 교육이 사라졌다.

하복, 춘추복 시기를 정해 입히는 것도 이해하기 어렵다. 그나마 1주일 교차 시기를 준다지만 아이들을 구속하기는 매한가지다. 사람마다 기후에 반응하는 정도가 다 다른데 같은 날 같은 두께의 옷을 입어야 한다니 야만적이다.

- 전 략 -

등교복의 부분자율화(교복, 생활복은 그대로 존치합니다)는 학생들의 인권에 대한 하나의 고민이었습니다. 옷 입을 자유를 통해 우리 아이들의 생각도 조금더 넓고 자유로워질 수 있지 않을까 생각합니다. 그리고 선생님들이 아이들을 바라보는 눈도 좀더 여유로워지지 않을까 기대해 봅니다.

그럼에도 많은 선생님들과 보호자님들은 이 조치가 두렵기도 하고 걱정도 되실 겁니다. 저도 그렇습니다. 혹시나 그간의 우리 학교의 좋은 전통이 흐트러지는 것은 아닌가 불안하기도 합니다. 그렇더라도 변화하는 세상에 대한 우리들의 포용으로 받아들이려 합니다.

학교에서 일어나는 모든 일들은 교육적입니다. 그리고 그 교육적인 과정을 통해 아이들은 성장하고 일생을 통해 살아갈 지혜와 윤리 규범을 배워 나갑니다.

의복은 개인의 사회적 표현이며 동시에 타인에 대한 배려입니다. 또한 성공의 전략이기도 합니다. 지나친 노출 옷, 비싼 옷, 눈살 찌푸리는 옷에 대해 잔소리(?) 하시면서 개성과 배려가 조화로운 의복생활이 자리 잡아 성인이 되어서도 명품옷에 빠지지 않도록 지도해 주십시오.

저는 6살에 아버지가 돌아가셨습니다. 어려서 저희 어머니는 늘 말하셨지요.'호로자식 소리 안 들으려면 더 예의 바르게 잘해야 한다.'그때는 잘 몰랐습니다. 아버지가 안 계신 한 부모가 키운 자식은 버릇이 없다는 편견이 왜 생겼는지.

지금 생각하니 엄마는 가족의 생계를 위해 밤낮없이 일해야 하니 잔소리할 시간이 없고, 아버지도 안 계시니 혼낼 사람도 없었겠지요. 그래서 호로자식이 버릇 없을 수 있다는 생각을 했던 것 같습니다.

우리 학생들에게 의복은 정당한 자기표현의 수단이지만 동시에, 타인에 대한 배려의 수단이라는 것도 애정 듬뿍 담은 잔소리로 이끌어 주시길 부탁드립니다.

(2021. 4 등교복 자율화 관련 가정통신문 일부)

데이터를 활용하라

정의로운 해석을 거쳐야 한다는 전제조건이 있지만 데이터는 사람들의 신뢰를 얻는 좋은 방법이다. 데이터는 분석-성찰-실행-평가의 순환과정을 거치면서 객관적 증거와 주관적 경험이 보완된다.

'연구에 의하면…' '통계에 의하면…'은 교육현장에서 상당한 설득력을 얻는다. 혹은 '이게 데이터야. 그러니까 이렇게 해야만 해.' 혹은 '데이터를 보여주지 않으면 그렇게 못해.'라고도 말한다.

교육에서의 연구나 실험은 자연과학의 연구와 달라 사회과학적 접근을 한다. 교육에서의 데이터는 날것 그 자체로의 쓸모보다는 통찰과 혜안을 통해 분석하고 해석함으로써 유용성을 얻는다.

학교에서 연구는 통제집단을 두거나 변인을 조절하기가 어렵다. 예를 들어 칭찬과 비난의 효과를 연구한다고 해서 한 반은 1년간 칭찬을 하고 다른 반은 비난만 하는 것이 가능한가? 비난만 받는 반에서 실험당한 아이들은 무슨 죄인가? 현실적으로도 윤리적으로도 불가능하다. 사실 학교 현장은 이보다 훨씬 복잡해서 하나의 변수를 분리하거나 원인과 결과에 대한 결론을 내리기가 어렵다는 점을 고려해야 한다.

또 같은 데이터를 가지고도 전혀 다른 해석을 내릴 수 있다는 점은 교육적으로 경계 대상이기도 하고 검증 대상이기도 하다.

예를 들면 학업 성취도의 데이터상의 숫자의 하락을 경험한다고 하자. 이것을 단순히 학생의 실력 하향으로 해석해서 숫자를 올리는 것에 주력해야 하는가? 시대의 변화에 성취도 평가의 문항이 따라가지 못하는 경우는 없는가? 혹은 성취도에서 말하는 학력이 과연 오늘날 학생들이 학교에서 배우고(學) 익혀야 할 힘(力)인가? 하는 근본적 질문이 필요하다.

초임 학교에 부임해보니 학생들의 대입성적이나 성취도가 인근 학교보다 상대적으로 낮아서 학교에 대한 신뢰도가 낮았다 게다가 3학년 아이들보다 2학년 아이들이 더 낮아 학생들의 자신감은 물론 선생님들의 수업의욕이 낮았다. 나는 아이들의 입학성적에 따른 변화 추이, 3학년 아이들의 3년간 변화 추이, 비슷한 성적의 다른 학교 학생들의 진학 관련한 데이터를 수집했다. 그리고 그것을 분석하여 우리가 잘 하고 있고 발전하고 있다는 것을 도표와 수치로 제시했다. 이것은 '오늘보다 더 나은 내일을 만들어 내는 학교'라는 인식을 심어주는 자료가 되었다.

세상의 모든 것들이 그러하듯 데이터는 남용이나 오용의 위험을 가지고 있다. 인간의 정서, 인성과 같은 것들보다 국영수 성적은 쉽게 수

치화한 데이터를 얻을 수 있다. 그렇다보니 객관적인 자료 수집을 위한 수치화된 데이터에 매몰되게 된다. 만족도, 성적, 입시 결과, 폭력 사건의 수, 결석생 수 등 수치화되는 것에 너무 관심을 가지다 보면 환경, 건강, 예술, 정서, 예의, 정의 등의 정서적인 것들은 관심 밖으로 물러설 수도 있다.

또 데이터만으로 사람들을 설득하거나 마음을 움직이게 할 수 있다고 생각한다면 착각이다. 우리는 사람을 다루는 일을 한다. 통계상 훌륭한 결과가 나왔다고 해서 효과적인 교수법을 모든 교사에게 의무화할 수는 없다. 게다가 교육적 경험은 매우 개인적이다. 가르치고 배우는데 하나의 최고의 방법은 없다는 것은 너무 흔한 경험이다. 과학도 돌연변이가 속출하는 데 교육에서 통계나 데이터는 허상일 수 있다. 아무리 정확하고 최신의 데이터조차도 변화하고 싶어 하지 않는 사람들 혹은 견고한 마음으로 버티는 사람들을 설득할 수는 없다.

따라서 학교장에게는 데이터를 정확히 분석하고 활용함으로써 유용하게 사용하는 능력이 있어야 하고, 데이터 상의 수치에 일희일비하지 않는 담대함, 그리고 이면의 것을 살피는 혜안과 통찰력, 무엇보다 이를 교육적으로 해석하고 이 해석을 바탕으로 마음을 얻으려는 노력이 있어야 한다.

비공식적 역학을 이해하라

일단 아니라고 말하고 보는 사람들, 징징대는 사람들, 회피하는 사람들, 자기 이익만 챙기는 사람들은 학교 변화에 장애가 될 수 있다. 장애물이 없는 변화의 길은 없지만 문제는 이 사람들이 집단을 이루어 장벽을 만든다는 것이다. 학교에 이런 사람들이 없으면 최상이지만 아무리 좋은 학교라도 현실적으로 그럴 확률은 거의 없다. 그렇다면 이들이 집단화되지 않도록 초기에 조치하거나, 집단화되었다면 방해 효과를 최소화할 수 있는 방법은 무엇일까?

성공적인 교장들은 부정적인 집단이 어떻게 작동하는지 지속적으로 관찰한다. 잘 관찰해 보면 특정한 사건을 계기로 비슷한 신념을 가진 부정적인 사람들이 규합되는 경우가 있다. 또 어떨 때는 특정한 한 사람이 변화에 반대하고 이 사람을 중심으로 저항적인 그룹이 형성되기도 한다. 또 자신들의 편익에 의해 일시적으로 부정적인 집단이 형성되기도 한다.

예를 들어 몇 명의 부정적인 교사가 어찌어찌해서 서로 생각이 같다는 것을 알게 되면 그들은 정기적인 불평 시간을 만들수도 있다. 그들이 같은 교과 혹은 같은 학년에 있다면 더욱 시너지가 날 수 있다. 옆 반, 같은 교무실 등 물리적으로 가깝거나 온라인 등 접근이 쉬울 때 불평이 강화된다. 한번 불평이 시작되면 불평은 불평을 낳는다. 이들은 공적인 인간관계가 아니라 비공식적 역학관계에 의해 움직여진다.

학교에서 터프 가이, 걸 크러쉬 혹은 마초 같은 사람들이 있다. 이들이 앞장서서 적극적으로 부정적인 집단을 이루지는 않지만, 이들은 대체로 자존심이 강하고 꺾이면 안 된다는 강한 저항력이 있다. 이들은 사람을 설득하고 이끄는 타고난 성향으로 따르는 사람이 많아서 긍정적이든 부정적이든 어느 정도의 영향력을 가지고 있다. 만약 이들이 부정적인 영향력을 행사하기 시작하면 교장은 어찌할 수 없을지 모른다. 그래서 이런 부정적인 에너지를 조기에 차단할 수 있는 방법을 익혀야 한다.

그러기 위해서 이들 중에서도 유독 드러나는 어떤 한 사람 혹은 몇 사람을 먼저 설득하는 방법이 있다. 드러나는 사람이란 여러 사람들 앞에서 자신의 생각이나 의견을 공개적으로 표현하고 이끌려는 사람이다. 이런 사람들의 생각이나 교육이론이 맞을 수도 있고 그렇지 않을 수도 있고, 변화에 긍정적인 효과를 줄 수도 있고 그렇지 않을 수도 있다. 그러나 이들은 강한 자기 확신으로 자신이 지금까지 고수해 온 방법을 전파한다. 이들이 만약 부정 에너지를 가지고 있다면 서둘러 막아야 한다. 이들의 전파력은 생각 외로 강하기 때문이다.

나는 일찍 전문직이 되어 교감 교장을 비교적 젊은 나이에 했다. 나보다 나이가 어린 사람들은 나 나름의 방식으로 어떻게든 설득할 수 있지만 나이가 위인 분들은 조심스러웠다. 게다가 그들 중 몇 사람들은 젊은날 마초 기질로 집단을 이끌어 왔거나, 지금도 드러나지는 않지만 후배들에게 영향력을 행사하는 경우가 많았다. 게다가 이들은 교장이나 교감보다는 교사들에 가깝게 있다.

그래서 나는 부임을 하면 나보다 나이가 많거나 원로 그룹에 있는 교사들에게 먼저 부임 인사를 한다. 그리고 정기적으로 이분들을 모시고 식사도 하고 차도 마시면서 조언도 듣고 나의 교육철학도 공유한다. 사석에서는 웬만하면 '선배님' '오빠' '언니'라고 부르며 그들의 지혜와 열정을 훔친다(?). 이들은 자신들의 교육에 대한 마지막 열정이 헛되지 않기를 희망하는 사람들이 대부분이어서 이들의 평생의 경험을 소중하게 쓰고자 하는 학교장의 마음을 이해하기만 하면 누구보다 든든한 지원자가 된다. 학교는 젊은이의 열정과 노장의 지혜가 조화롭게 작용할 때 가장 행복하다.

때에 따라서는 이들은 기꺼이 운동장을 직접 뛰는 코치의 역할도 마다하지 않고 팔짱 끼고 관망하는 사람들을 변화의 대열에 끌어들인다. 그들을 대체로 후배 교사들에게 존경을 받기 때문에 동기나 후배들의 부정적인 영향력을 최소화시켜 움직이게 하는 잠재력을 가지고 있다.

변화는 결단코 함께 가야 하는 어려운 과정이다. 그래서 학교장은 비공식적 역학관계를 이끄는 사람들을 잘 파악하고 관리해야 한다. 이런 노력은 구성원들의 외연을 넓히는 일이다.

새로운 것을 정상으로 만들어라

　선두 그룹, 신규나 전입자, 최고 부정 그룹 등 여러 단계를 거쳐 대개의 사람들이 움직이기 시작하면 이제 남은 사람들을 공략할 차례다. 이들은 공포심이 많거나 자존심 때문에 선뜻 나서지 못하는 대다수의 평범한 교사들일 가능성이 많다.

　학교 변화가 진행되면 몇몇 직원들은 변화를 받아들이고 변화된 미래에 대해 토론을 시작할 수도 있다. 어떤 교사들은 공식적인 회의 석상에서 호의적인 발언을 하기도 한다. 이 정도 되면 마지막까지 남아 저항하는 사람들은 자신과 같은 생각을 하는 사람들이 몇이나 되는지 몰라 불안해지기 시작한다. '나만 동조 안 하고 있는 건가?'라고 생각할지도 모른다. '대세라면 따라야 하는 것 아닌가?' 하는 마음이 슬슬 생겨날 수도 있다. 이제는 새로운 것을 정상인 것으로 받아들이게 하는 전략을 사용해야 할 때가 되었다.

　예를 들어 몇몇 교사들이 변화를 시작해서 반응이 좋다면 직원회의 시간 "몇 선생님들이 지난번에 말씀드린 수업을 시도해 보고, 좋은 말씀들을 하시는군요. 걱정했는데 우리 학교에도 성공적으로 적용되고 있다니 놀랍습니다. 제가 미리 걱정해서 오히려 미안합니다." "수업을 개선하기 위해 감사하게도 몇몇 교사들이 TF를 조직했습니다. 시도해 보니 의외로 어렵지 않다고 하셔서 기대가 됩니다."

교장이 자기반성을 했다거나 사과하는 것은 중요하지 않다. '많은 사람들이' 이러한 활동에 참여하고 가치 있게 여겼다는 것을 알리는 것이 중요하다. 대다수가 움직이고 있다는 것을 알림으로써 물꼬를 트는 기점을 마련하는 것이다.

이렇게 하는 것은 막 참여하기로 한 교사들에게 혼자가 아니라는 인상을 주고, 참여하고 있는 사람들에게도 동료가 많다는 것을 알려주고 더욱 열심히 하려는 의지를 불러일으킨다. 무엇보다 망설이는 사람들에게 용기를 주고, 부정적인 사람들에게 외톨이가 될지 모른다는 불안감을 준다. 여기서 주의할 것은 많은 교직원들이 어느 정도 참가한 후에 이 전략을 사용해야 한다는 것이다. 초기 단계에 섣부르게 사용할 경우 새로운 일들은 몇몇 열성적이거나 능력 있는 사람들만 하는 특별한 일로 여기고 '어차피 나는 안 해도 된다'는 생각이 퍼질 수 있기 때문이다.

대다수의 선생님들은 스스로를 특별하다고 생각하지 않으며 혼자 독특해 보이거나 관심을 받아야 한다면 시도하지 않을 확률이 높다. 교사들이 두려워하는 것 중에 혼자 튀어서 주목을 받아 복잡해지거나 따돌림을 받는 것도 들어 있다. 새로운 것을 처음 시도하기 위해서는 가능하면 평범한 사람들이 많이 참여할 수 있게 해야 한다. 그래야 새로운 것은 평범한 것이 된다. 이러기 위해서 변화 상황을 공개적으로 알림과 동시에 갈등하는 교사들과는 개별 면담이든 우회 면담이든을 해서라도 다양한 부류의 사람들을 많이 참여시키는 것이 중요하다.

지난 학기 전면 실시간 쌍방향 수업을 시작할 때가 생각난다. 지금이야 우리 학교의 모든 교사들이 실시간 쌍방향 수업을 하지만 초창기에는 온갖 핑계와 머뭇거림이 있었다. 너무 앞서간다고 또는 그것만이 최선이 아닌데 고집을 부린다고 몇몇 선생님들은 바지가랭이를 잡기도 했다. 그러나 수업에 관한한 앞서가야 하고 끊임없는 변화를 고민해야 한다는 것이 내 지론이다. 물론 수업 방법에 대한 선택권은 교과와 학생들의 특성을 고려하여 교사가 하는 것이다. 그들은 전문가이기 때문이다. 그러나 알고 안 하는 것과 몰라서 아예 선택지에 없는 것은 다른 문제다. 그래서 나는 좀 세게 고집을 피면서 단 한 명의 예외도 적용하지 않고 추진했다.

처음에는 내가 연수하면서 눈여겨보았던 비교적 쉽게 활용할 수 있는 교구를 가져와 열정적인 선생님을 설득했다. 변화의 필요성과 최대한의 지원도 약속했다. 곧 TF팀이 조직되었고, 그들의 자발적인 현장 방문과 도구 활용 집단 연수, 1:1 맞춤연수 등을 통해 변화 의지가 확산되었다. 나는 공적, 사적 자리에서 이런 활동들을 알리고, 자랑하고, 신뢰하며 분위기를 이끌었고 D-day로 정한 날을 끊임없이 상기시켰다. 드디어 40여 명의 교사들이 필요한 수업도구를 구입하겠다는 품의가 올라온 날 나는 가슴이 뛰었다.

한 달여의 준비 기간이 끝나고 각 교실에서 실시간 쌍방향 수업을 하기 위해 분주한 선생님들의 모습을 보며 미안함과 감사로 뜨겁던 기억이 새롭다. 무엇보다 새로운 방법을 익히느라 힘들고 당황했을 텐데도 의연하게 한 발 앞으로 나가준 고경력 교사들은 감동이었다. 그리고 한두 달 만에 낯선 것을 일상적인 것으로 만들어 준 선생님들의 능력에 경의를 표한다.

이제 정-반의 단계를 지났으니 다음 단계는 쌍방향이든 컨텐츠 업로드든 과제학습이든 학생들에게 가장 효과적인 교수법을 교사의 전문성을 발휘해서 적용하는 합의 단계만 남았다. 가장 논란이 많은 일을 해낸 후의 학교는 더욱 의욕적이고 활발해졌다. 우리 모두 '함께' 어려운 강을 건넌 동지기 때문이다. 게다가 안 될지도 모른다는 의구심을 확신으로 바꾸면서 교직원들 간의 신뢰도 커졌다.

그래서 학교장은 새로운 일을 하고자 할 때, 많은 논의를 거쳐 결정된 옳은 일이라면 적정한 시기에 많은 사람들이 참여할 수 있는 방법을 찾아야 한다. 그리고 반드시 성공할 수 있게 해야 한다. 이미 몇 사람이 물에 들어갔다면 물에 젖기를 망설이는 사람들을 슬쩍 밀쳐서라도 물에 넣는 전략도 필요하다. 그래야 어차피 모두 젖은 것 거기서 재미있게 노는 법을 찾을 것 아닌가?

이성적이고 체계적인 접근법을 무시할 수는 없다. 데이터, 통계지표, 기존 연구 그리고 성공 사례 등이 변화를 설득하는 데 도움을 준다. 하지만 이러한 논리적이고 이성적인 설득만으로 변화를 주도할 수 없다. 특히 사명감을 절대 버릴 수 없는 교원 집단을 설득하기 위해서는 학교장은 머리는 물론 가슴을 설득할 수 있는 능력이 필요하다. 대다수의 교사들은 긍정적이고 생산적이다. 그들은 어린 학생들의 인생을 변화시키기 위해 교직을 선택했다. 따라서 학생들에게 필요한 것이라는 것을 모든 교직원들이 정서적으로 받아들이게 하는 것이 중요하다.

변화는 개인의 총합 그 이상이다. 그러니 궁극적으로는 함께 가야 한다. 그래야 새로운 것이 일상적인 것이 되고 또다른 새로운 것이 시도될 수 있기 때문이다.

떠날 때를 준비하라

훌륭한 학교장은 현재의 성취와 미래의 결과에 대해 끊임없는 자기반성을 한다. 지금의 노력이 미래의 학교성장에도 의미있게 기여할 것인가를 생각한다. 때에 따라서는 지금의 변화노력이 현재 학교 상황에는 적합하지만 3년만 지나도 고민거리가 될 수도 있다는 것을 늘 염두에 둔다.

변화의 시작 단계에서는 그간 자신이 쌓은 경험과 직관 그리고 열정으로 시작해도 좋다. 그래야 시작할 수 있기 때문이다. 그러나 과정을 거치면서 과감하게 멈출 수도 있어야 한다. 학교는 내 개인의 소유물이 아니며 내가 평생 머물러 책임질 수 없다. 아무리 좋은 일이라 해도 언제나 옳지는 않다. 사람마다 다른 견해와 비전을 가질 수 있고 내가 떠난 후 다른 교장이 이 일을 바꿀 가능성은 얼마든지 있다. 이것을 수용할 수 있는 범위에서 변화 노력은 의미 있다. 후임 교장들이 전임 교장이 하던 것을 100% 그대로 따를 확률은 그다지 많지 않다. 그나마 나의 지금의 노력이 완전한 헛수고가 되지 않도록 고민하라는 것이다.

그러기 위해서 변화는 우선 사람의 개선에 초점이 맞추어져야 한다. 사실 학교장으로서 무언가를 바꾸기는 쉬울 수도 있다. 그것이 개선이냐 아니냐를 떠나서 바꾸는 것에만 집중한다면 얼마든지 가능하다. 누구든 저항이 적은 길로 조직을 이끌어 가고 싶어 한다. 그것이 비생산적일지라도 신경 쓰지 않고 생각 없이 흘러가도록 하는 것은 어렵지 않다. 정말 어려운 것은 교직원들이 성장을 향해 걸어가게 하는 것이다.

사실 학교장으로서 지자체나 교육청에서 돈을 끌어다 시설 몇 가지 바꾸고 환경 개선하는 일이 가장 쉽다. 그러나 진정으로 학교가 바뀐다는 것은 교직원들이 바뀌는 것이다. 그것도 긍정적으로 개선되는 것이다. 사람을 개선한다는 것이 다소 이상하게 들릴지 모르지만 사람이 움직이지 않고는 변화는 지속될 수 없으며 아무리 좋은 정책이나 시설이라도 좋은 사람들이 있지 않다면 무의미하다. 떠나기 위한 첫번째 준비는 사람이다.

다음으로는 시스템의 변화를 고민해야 한다. 변화된 성취지향적인 사람들이 늘 이 학교에 남아있지 않을 수 있다. 그러므로 지혜를 모아 시스템을 바꾸려는 노력을 해야 한다. 여러 가지 규칙이나 법령의 정비는 물론 교육과정의 개편 등에 공을 들여야 한다. 이런 시스템과 구조의 변화를 통해 학교 문화는 바뀌게 될 것이고 만들어진 좋은 문화는 다른 변화를 만들어낸다.

마지막으로 문화가 바뀌도록 노력해야 한다. 학교의 변화는 궁극적으로 문화의 변화다. 그러기 위해서는 합의하고 협의하는 민주적인 문화를 정착시키기 위해 노력해야 한다. 훌륭한 학교장이 개인의 능력으로 학교를 변화시켰다 해도 토론하고 합의하는 민주적인 절차를 거치지 않았다면 사상누각이다. 네델란드 소년의 팔처럼 겨우 버티던 학교장이 떠나는 순간 모든 것은 원점으로 돌아간다. 후임 교장이 아무리 독단적이라해도 의견을 개진하고 옳고 정의로운 일을 함께 고민하는 문화가 만들어져 있다면 학교의 성장은 지속된다.

사람, 시스템, 문화의 개선이 이루어지도록 공들여야 학교장은 떠날 준비를 하는 것이다. 강력한 학교장의 리더십으로 몇 가지 사항이 바뀌어도 그 교장이 떠나면 금방 원상태로 회귀하는 사례는 무수히 많다. 변화하는 데 3년이 걸렸다면 원상태로 돌아가는 데는 3개월이면 충분하다.

마직막으로 소소하지만 학교장 취향이나 관심 사항을 지나치게 반영하지 않는 것이 좋다. 물론 학교장이 많은 일을 결정하다 보니 취향이나 관심사를 100% 무시할 수는 없지만 학교의 시설만 해도 최소 10년 이상을 다수의 사람들이 사용하게 된다. 일시적인 유행이나 취향은 다음 사람들의 부담이 되거나 가십거리가 된다. 그러니 학생과 교직원들의 보편적이고 합리적인 의견이 많이 반영될 수 있는 방법을 적극적으로 찾아라.

특히 슬로건이나 의지 등을 여기저기 큰 돈 들여 너무 많이 붙이거나 세워놓지 않기를 권한다. 떠나고 나면 후임 교장의 의지가 발붙일 곳이 없어진다.

또 여기저기 흔적을 남기려 애쓰지 마라. 나의 흔적은 교직원들과 학생들 마음에 새겨지면 족하다. 화장실에 가면 '아름다운 사람은 떠난 자리도 아름답다'는 말이 있다. 소중한 말이다. 학교장이 변화의 리더십을 발휘해 변화한 학교는 사람이든, 시스템이든, 시설이든, 문화든 개선된 모습으로 남아야 한다.

학교장은 반드시 떠나고 학교는 남는다는 것을 절대 잊어서는 안 된다. 전설까지는 아니라도 추억으로 남으면 성공이다.

성공하는 교장들의 특성

1. 사람을 귀하게 대한다
2. 긍정적으로 기대한다
3. 존중받고 싶은 만큼 존중한다
4. 좋은 모델이 되려한다
5. 칭찬을 즐긴다
6. 마음을 만질 줄 안다
7. 무시할 것은 무시한다
8. 다름을 받아들인다

사람을 귀하게 대한다

우리는 흔히 모든 사람에게 배울 점이 있다고 말한다. '셋 이상만 모이면 그곳에 스승이 있다'라는 말도 있다. 좋은 사람들에게서는 어떻게 할지를 배우고 그렇지 않은 사람들에게서는 어떻게 하지 말아야 할 지를 배운다. 그렇다고 해서 효과적이지 않은 방식으로 변화를 추구하는 교장을 보면서 일부러 배울 필요는 없다. 교육이 참/거짓을 묻는 시험이라면 성공적이지 못한 동료의 답안지를 어깨너머로 보고 정반대의 답을 쓰는 것만으로도 높은 점수를 받을 수 있다. 그러나 교육은 '예/아니오, 호/불호 혹은 참/거짓'으로 나눌 수 있는 단순한 것이 아니다.

사실 우리는 학교장으로서 할 것과 하지 말아야 할 것들에 대해서 너무도 잘 알고 있다. 좋은 리더에 대한 덕목도 너무나 잘 알고 있다.
예를 들면 좋은 리더는 비꼬지 않고, 긍정적인 마음으로 사람들을 대하며, 화를 내거나 명령하기보다 설득하고, 설명하고, 직원들과 소모적인 논쟁을 하거나 인권을 무시하지 않는다. 감정에 휘둘리지 않고, 이성적으로 접근하며, 비난하지 않고 칭찬을 즐긴다. 그것도 맹목적인 칭찬이 아닌 효과성 있는 칭찬을 한다. 직원들의 창의성을 꺾지 않고, 새로운 생각들을 조장한다.

리더십을 발휘한다는 것은 오픈 테스트와 같다. 성공적이지 못한 길을 가고 있는 다른 사람의 답안을 베끼는 것은 도움이 되지 않는다. 훌륭한 교육자들의 행동 특성을 잘 관찰하고 종합해서 나의 상황에 맞는 방법을 찾아 답을 써내려가야 한다.

그렇다면 성공적인 교장들은 어떤 행동 특성을 가지고 있을까?

여러가지가 있겠지만 성공적인 교장들의 가장 큰 공통 특성은 언제나 사람이 먼저라고 생각하고 귀하게 대한다는 것이다.

성공적인 학교장들은 학교 변화의 질은 다른 어떤 것이 아닌 사람이라는 것을 잊지 않는다. 자신은 물론 교직원들에게 민감하며, 자신의 긍정성을 믿는 것은 물론 교직원들의 긍정적인 변화 에너지를 믿는다. 무엇을 하는지가 아니라 누가 어떻게 하는지가 중요함을 잊지 않는다. 대부분의 교사들은 모두 다른 개인적 요구 사항들을 가지고 있다. 교장들도 각각 개인적 능력과 접근법이 있다. 교실 관리든 학교 변화든 훌륭한 학교장들은 가장 먼저 사람에 집중한다.

리더십에 대한 수도 없는 말이 있다. 그러나 모든 리더십의 결론은 하나다. 사적인 이익만을 탐하지 말고 다른 사람에게 내가 원하는 바대로 행동하라는 것이다. 조직의 규모와 성격이 다를 뿐 모든 조직은 결국 사람과 사람의 관계로 이루어져 있고 사람의 일은 언제 어디서나 크게 다르지 않다.[9]

교장의 가치관은 조직 구성원에게 많은 영향을 미친다. 교장이 교직원들을 귀하게 대하고, 그들이 행복을 자신의 행복처럼 여기며 지키려 하면, 교직원들은 학생들을 귀하게 여기고, 학생들이 행복할 수 있는 많은 일들을 스스로 찾아 행하게 마련이다.

리더는 스스로 사람을 얻기 위해 스스로 본을 보이는 사람이다.

---

9) 이재혁 외, 『행복의 리더십』, 알에이치코리아, 2012

긍정적으로 기대한다

　모든 교장에게는 경영해야 할 학교가 있다. 학교장이 경영한다는 말이 교육적이지 않은 듯하지만, 학교장은 가르치는 사람이 아니라 조직을 다양한 측면에서 이끌어 가는 교육자이며 경영자다. 학교의 규모나 환경, 위치나 여건이 모두 다르지만 어떻든 모든 교장들은 최선을 다해 자신의 학교와 교직원, 학생들을 관리한다. 대부분의 학교장은 교직원과 학생들 그리고 학부모들과 잘 소통하면서 '행복한 학교'를 만들고 싶어 한다.

　그럼에도 학교장에 따라 학교는 전혀 다른 방식으로 관리되고 학교 교육의 질은 달라진다. 인정하기 어렵지만 심지어 교직원들의 역량과 성장 그리고 행복도도 달라진다. 그로인해 학생들은 직접적인 피해자가 되기도 하고 수혜자가 되기도 한다.

　성공하는 교장은 행복한 학교를 만들기 위해 '성장에 초점을 둔 긍정적인 기대'에 집중하고 그렇지 않은 교장들은 '부정적인 결과에 초점을 맞춘 규칙'에 집중한다. 가장 최악의 경우는 고립이나 비난과 같은 벌에 집중하는 교장들이다.

훌륭한 교장은 교직원들의 잘못된 행동이나 결과에 집중하지 않는다. 오히려 바람직한 행동을 기대하고 그 결과를 기다린다. 일반적으로 사람들은 긍정적인 행동 에너지를 가지고 있어서 기대하는 만큼 행동하려한다. 성공적인 교장들은 초기에 긍정적이고 명확한 기대를 제시하고, 이 기대가 달성될 수 있도록 차근차근 접근한다. 그리고 이미 만들어진 결과를 비난하는 데 시간을 보내지 않고 그러한 결과가 반복되지 않게 하는 데 관심을 기울인다.

　예를 들어 어떤 교장이 다음의 몇 가지 경영원칙을 정했다고 하자. "존중하라. 준비하라. 시간을 지켜라." 혹은 "스스로를 존중하라. 다른 이를 존중하라. 학교를 존중하라." 이 경우에도 부정적인 결과에 초점을 맞추게 되면 이를 어겼을 경우의 제재에 더 많은 관심을 가지게 된다. 그렇게 하다보면 기대는 사라지고 제재 이행이 중요하게 되어 버린다. 제재는 기대보다 덜 중요하다. 중요한 것은 긍정적인 기대를 통해 조직원들이 기대에 부응하게 만드는 것이다. 어쩔 수 없는 나쁜 결과가 나왔다 하더라도 배워야 할 것을 먼저 찾게 한다.

　우리 딸이 가끔 반박하기도 하지만 나의 성선설적 신념은 경험에서 얻어진 것이다. 물론 생각만큼 선하지 않게 행동할 때도 있지만 사람은 선하다. 특히 교육의 길을 선택한 나의 동지들은 대부분 선량하다. 그리고 사람에게 긍정적인 기대를 갖는 것은 그들을 위해서가 아니라 나를 위해서 좋은 결정이다.

세상 만물이 그러하듯 인간 행동도 균형을 이루려고 한다. 누구에게나 장점과 단점, 긍정적인 면과 부정적인 면이 있다. 학교장의 역할에 따라 구성원들이 어떤 것을 더 많이 발현시키고 어떤 것을 억제시키는가가 결정된다. 균형의 법칙으로 볼 때 긍정적인 면이 부각 되면 부정적인 면은 이면으로 가리워진다. 소멸되지는 않겠지만 우세해지지 않는다는 것이다. 관심을 긍정적인 것, 칭찬할 만한 것에 맞춤으로써 이를 극대화하는 것은 고래도 춤추게 하는 칭찬의 효과다,

학교에서의 일상생활 규칙은 필수적이다. 규칙은 조직원들의 삶을 보호하는 기제다. 학교에 규칙이 없다면 힘이 세거나 머리가 좋은 아이들이나 직원들의 자유구역이 될지도 모른다. 어떤 경우 규칙을 강화해서 벌점을 주어야 한다고 학생들이 먼저 주장하기도 하고 소위 선도부의 역할을 강화하자고 주장하기도 한다. 교사들 역시 규칙의 효과를 강조하기도 한다.

그렇지만 규칙은 부정적인 것에 집중하는 단점이 있다. 학교의 규칙은 대개 올바르지 않은 행동과 예상 가능한 좋지 않은 결과에 집중한다. 복도에서 뛰지 말 것! 수업 시간에 떠들지 말 것! 파마나 염색을 하지 말 것! 그리고 그에 따른 벌은 무엇이다, 벌점은 얼마다 등등등. 우리는 대체로 청개구리 기질이 있다. '쳐다보지 말 것'이라는 말을 들었을 때 살짝이라도 보고 싶지 않은 사람이 어디 있겠는가? 하다못해 누가 쳐다보는지 궁금해지기라도 한다. 그런 명령을 듣지 않았다

면 쳐다보는 것에 대해 생각조차 하지 않았을 텐데 말이다. 그런면에서 규칙은 오히려 부정적인 행동을 강화시키기도 한다.

규칙이 가지는 이런 단점에도 불구하고, 규칙을 정하고 이를 지키려 하는 것은 규칙이 허용 가능한 것과 그렇지 않은 것 사이의 경계를 지어주기 때문이다. 스포츠 경기는 규칙을 잘 활용하는 대표적인 활동이다. 심판은 경기규칙이 잘 지켜지는지를 예리한 눈으로 관찰해서, 규칙을 어겼을 경우 누구든 값을 치러야 한다. 경기에 촘촘한 규칙이 있는 것은 승부를 결정해야 하기 때문이다.

그러나 교육은 승부를 내는 단판의 경기가 아니다. 과정 하나하나가 소중한 긴 여행과 같다. 학교장으로서 가장 도전적인 일은 매일매일이 다르고 매순간이 학생들이 전혀 다른 기쁨과 소망을 가지고 도전한다는 것이다. 시험일, 체육대회, 방학 전후와 개학일, 입학일 이런 각각의 날들은 고유의 역동적인 에너지와 흐름이 있고 특별함이 있다. 학교의 일상은 같은 것 같지만 매일 매일이 다르다.

이런 학교생활에서 규칙이나 상벌에 지나치게 초점을 맞춘다면 과정이 아닌 결과에 집착하게 된다. 최근 교탁위에서의 여학생 치마길이 지적, 휴대폰 사용 제한, 머리카락 길이 제한, 화장논란 등이 자주 언론에 나온다. 학생들은 자신의 개성을 표현할 자유를 가진다. 학교는 이들이 가지고 있는 성장에너지를 격려하고 스스로 온당한 사회인으로 반응하며 성장하도록 지지하고 이끌 책임이 있다. 마찬가지로 교직원들은 전문직으로서의 자부심과 능력을 긍정적으로 지지함으로써 그들의 건강한 책임감을 발휘하게 하면 된다.

 긍정적 에너지는 전파가 빠르다. 누군가는 말한다. 행복은 내가 가진 것을 사랑하면 행복하고, 남이 가진 것을 사랑하면 불행하단다. 직원들이 가지고 있는 그것, 학교와 학생이 가지고 있는 그 자체를 긍정적으로 사랑하면 학교장의 하루는 행복하다.

 이제 사문화 시켜도 좋을 규제와 규칙을 지키기 위해 하루 종일 용쓰다 지쳐 퇴근할 필요는 없다.
 고쳐줄 수도 없는 교직원들에 단점에 골몰하다가 우울하게 잠들 이유가 없다. 감사하고 또 감사하며 맞이하기에도 너무 부족한 하루다.

존중받고 싶은 만큼 존중한다

아무리 훌륭한 선생님이 있고 좋은 교장이 있는 학교라도 문제는 발생하기 마련이다. 그렇다면 효과적인 학교장들은 어떻게 문제를 대하고 해결할까? 원치 않는 행동을 할 때 행동보다는 목표에 집중한다. 즉 다시는 반복되지 않았으면 하는 행동을 교정하는 데 집중한다. 그러나 덜 효과적인 교장은 목표보다는 현상에 집중한다. 과장하자면 처벌이나 앙갚음(?) 혹은 분노에 집중하는 것처럼 보인다.

교사들은 때로 학생들에게 다양한 형태의 벌을 주기도 한다. 그러나 이러한 벌들이 항상 유용하지도 않고 그렇다고 항상 불필요한 것도 아니다. 교사들은 이런저런 나름 효과적으로 벌주는 방법을 사용한다. 마치 마술사처럼 가방에는 많은 것이 들어 있지만 마술에 필요한 재료는 그때그때 다른 것과 같이 학생과 상황에 따라 다른 방식을 사용한다. 훌륭한 교사는 벌은 학생들의 변화된 미래를 보장할 때에만 유용한 것이라 생각한다.

마찬가지로 훌륭한 교장은 교직원들의 좋지 않은 행동이 있을 때

이를 비난하기보다 앞으로 같은 일이 반복되지 않게 하는 데 관심이 있다. 반면에 그렇지 않은 교장은 나쁜 행동에 집중하고 결과에 집착한다. 만약 상습적으로 수업을 게을리 하는 교사가 있다면 훌륭한 교장은 그 행동을 질책하는 것에 초점을 두지 않고 교사의 개선과 변화에 목적이 있다는 것을 잊지 않으려 한다.

지나간 과거를 어찌해 볼 재주는 없다. 그럼에도 우리는 많은 경우 과거의 일들로 시간을 낭비한다. 우리의 목적은 학생들이나 교직원을 화나게 하려는 것이 아니라 더 나은 미래를 위해 변화시키려는 것이다.

존중하라. 그렇게 되면 질책에 집중하지 않고 변화에 집중할 수 있다. 그리고 이것이 자신을 존중하는 방법이다. 학교장은 물론이고. 학생이나 교직원들도 어떤 상황에서든 존중받아야 한다.

신규 교장 시절 원하는 방향으로 가지 않거나 교직원들이 어떤 일에 대해 성의 없이 대한다고 느낄 때는 화가 났다. 게다가 막 교장이 된 약간의 으스댐과 자존심이 작동하기도 해서 곧잘 화를 내곤 했었다. 그때 소위 나의 책사 선생님이 나에게 준 충고는 지금도 가슴 뻐근하다.

"교장선생님! 화를 내지 말고 혼을 내세요. 갑자기 화를 내면 감정적으로 보이잖아요. 교장선생님은 학교의 관리자이니 잘못된 것을 지적하고 혼을 낼 수 있습니다. 그러나 화를 내는 것은 개인적 분풀이가 되요. 그러니 혼내는 것과 화내는 것을 구별하세요."

정말 뜨끔했다. 그야말로 '화'는 내 중심의 감정 해소, 스트레스 발산 행동이라면 '혼'은 결과를 잘 이끌어내기 위해 잘못된 행동에 대한 수정 권고며 그들의 미래에 대한 존중이다. 직원들이 제일 어려워하는 상사가 아무 때나 화를 내서 종잡을 수 없는 사람이라 했던가? 나쁜 교장이라면 포기하거나 대비를 해서 견딜 수 있지만 종잡을 수 없이 화내는 교장에게는 대책이 없다고 한다. 존중하는 마음이 있으면 대책 없이 화내지 않는다.

오히려 교장으로서 잘못된 행동에 대해 적절히 지도하고 그 행동이 교정될 수 있도록 조치하는 것은 정당한 리더십의 발휘다. 교장으로서 지적질이나 분풀이가 아닌 잘못된 행동에 대해 혼을 내는 것도 필요하다. 어느 강사 말처럼 '혼을 낸다'는 것은 '정신을 끄집어내서 점검하는 것'이다. 그래서 바른 정신을 가다듬고 다시 온전한 정신이 되도록 하는 행위도 교장에게는 필요하다. 매일 좋은 게 좋은 식이거나, 개인의 잘못을 전체에게 두루뭉술하게 말함으로써 정작 잘못한 사람은 아무 생각 없는데 나머지 사람들을 화나게 하지 말아야 한다. 교장은 온당하고 합리적으로 혼내는 것을 두려워하지 말아야 한다. 그래야 교직원들도 성장하게 된다. 기본적으로 존중의 마음이 있는 지도는 통한다.

상대방의 기분을 상하게 하면 자신의 마음은 더 상해지는 경험을 했을 것이다. 비록 서툴러도 적절하고 온당한 대우를 하면서 잘못된 상황을 개선하기 위해 노력한다면 직원들은 학교장의 충정을 이해한다. 학교 변화 역시 마음이 하는 것이다. 선생님이 좋아서 그 과목을 열심히 하던 우리의 경험을 상기해 보자.

'교장이 되니 직원들이 왜 이리 아깝대요.'하던 사랑하는 후배 교장의 말을 되새긴다. 성공적인 교장은 내가 하기 싫은 일은 그들도 싫어할 것이라 생각하고 강요하지 않고 내가 좋은 일은 나는 많이 누렸으니 그들이 누리게 한다. 직원들을 귀하고 아깝게 생각할 줄 아는 교장은 그들의 삶도 온전히 존중한다.

좋은 모델이 되려한다

사람들은 기대하는 만큼 성장한다. 피그말리온 효과는 교육학의 전설이다. 그렇다면 높은 기대는 반드시 교육적이고 좋은 결과를 낳는가?

훌륭한 교장은 구성원들에게 높은 기대를 가진다. 또한 자신에게도 그에 상응하는 높은 기대를 가진다. 즉 구성원의 기대 수준은 교장의 수준을 반영한다. 성공적이지 않은 교장 역시 구성원들에게 기대한다. 그러나 그 기대는 지나치게 높아서 실망과 분노를 가져오거나 지나치게 낮아서 구성원들의 자존감에 상처를 입힌다.

정조는 과묵한 군주가 아니라고 한다. 말과 글이라는 의사소통의 도구를 적극적으로 활용한 대왕이다. 그의 말 중에 '백성이 배고프면, 나도 배고프다.'라는 말은 가끔 신파같지만 교장으로서 나를 다잡게 하는 말이다. '아프냐? 나도 아프다'라는 드라마 대사도 여기서 나온 걸까?

'필부함원(匹夫含怨)이라도 손상천하(損傷天下)'라는 말이 있다. 한 백성이 억울함을 갖더라도 하늘의 조화로운 기운을 해한다는 정조대왕의 말씀이다. 필부의 작은 원망이라도 소홀히 대하지 않는 마음이 공직자의 마음일 것이다. 억울함이나 원망이 없는 학교를 만들기 위해 학교장은 스스로 가장 낮은 자리에서 직원들과 학생들의 마음을 헤아리려는 노력을 해야 한다. 교직원이나 학생들도 평범한 사람들의 원망이라도 소홀히 하지 않는 마음을 보고 배움으로써 학교는 따뜻해진다.

'아이들은 어른의 등을 보고 자란다.'는 말이 있다. 학생은 교사의 행동을 보고 행동을 모델링한다. 효과적인 교사는 학생들에게 바라는 행동을 시범 보임으로써 기꺼이 모델이 된다. 같다고는 할 수 없지만 학교 구성원들은 학교장의 행동을 은연중에 학습한다. 학교장의 가치관과 철학은 교직원들의 가치에 영향을 미치고 학교의 문화를 만든다.

2020년에 교수회에서 고른 사자성어는 전례에 없는 신조어였다. 아시타비(我是他非), 쉬운 말로 '내로남불'이다. 나이가 들수록 지위가 올라갈수록 가장 경계할 것은 아시타비다. '나는 옳고 너는 그르다.'는 생각은 존경심을 잃을 뿐만 아니라 잘못하면 소위 갑질이 될 수 있다. 그래서 어른이 될수록 좋은 모델이 되려는 노력은 필요하다. 좋은 교장은 언제든 자신을 돌아보고 가능하면서도 온당한 기대를 하고 그 기대를 성취하기 위해 스스로 먼저 모범을 보인다.

풀을 뽑고, 휴지를 줍고, 환경을 생각해 물과 전기를 아끼고, 분리수거하고, 건강하고 유쾌하게 인사를 주고받고, 존중의 태도를 보이고, 작은 기부를 하고, 책을 읽고, 먼저 인사하는 등 어찌보면 스스로의 품격을 생각하며 하는 행동들이 학생들은 물론 교사들에게도 모델링 효과를 가지게 된다. 교장이 측은지심을 가지고 내로남불 하지 않고 어려운 일을 먼저 하며 어른 노릇 하면, 자신도 행복하고 학교도 바뀐다.

그러므로 교장은 길이 끝나는 곳에서도 스스로 길을 만드는 사람이다. [10]

---

[10] 정호승의 봄길 중에서 : 길이 끝나는 곳에서도/ 길이 있다. /길이 끝나는 곳에서도/ 봄길이 되는 사람이 있다/ 스스로 봄길이 되어 끝없이 걸어가는 사람이 있다 -후략

칭찬을 즐긴다

 칭찬은 고래도 춤추게 한다는 말은 우리가 자주 인용하는 말이다. 그렇지만 우리는 일반적으로 칭찬받은 것보다 비난받았던 사실을 더 오래 기억한다. 매일 누군가를 비난하는 사람은 흔치 않다. 그러나 경험을 되돌아보면 어쩌다 한번이라도 누군가에게 부당한 비난을 들었다면 그 사람과 마주치는 것조차 싫다. 그런데 나이가 들거나 지위가 올라가면 별 생각 없이 습관적으로 비난하는 경우가 많다. 평소 말투가 그렇다는 것은 변명의 여지가 없다. 설사 아무 뜻 없는 습관적 말투라 해도 비난의 말투라면 반드시 고쳐야 한다.

 언젠가 상점에 갔는데 물건을 파는 사람이 매우 무뚝뚝할 뿐 아니라 시종일관 화를 내는 듯한 말투로 응대를 했다. 기분이 상해서 한 마디 했더니 "저는 원래 그래요!"하며 오히려 당당하게 대꾸했다.
 그는 직업을 잘못 선택한 것이다. 장사는 서비스업이다. 물건을 팔기만 하면 되겠지만 친절하게 잘 팔아야 손님을 끌고 이익을 남긴다. 만약 원래 그래서 고칠 의사가 없다면 그만두고 다른 직업을 찾아야 맞다. 직업을 바꾸기 싫거나 바꿀 수 없다면 고쳐야 한다. 피눈물 나는 노력을 기울여서라도 바꾸어야 한다. 그게 돈을 벌고 장사해서 성공하기 위한 기본이다.

만약 교장이 상냥한 말투와 태도, 우호적인 표정을 가지고 있지 못하다면 연습을 해서라도 고쳐야 한다. 교장이든 교사든 직업인이라면 그 직업에 필요한 소양을 갖추기 위해 노력하는 것은 당연한 일이다.

매우 어렵다고 소문난 교장인데 어떤 교사는 그 교장을 신뢰하고 존경하기까지 한다. 아마도 그 교사는 십중팔구 그 교장과 좋은 경험을 공유했을 것이다. 간디가 아무리 인격적으로 훌륭하다 해도 개인적으로 감사하고 사랑하는 사람이라고 생각하지는 않는다. 인간관계는 지극히 개인적이어서 개별적 관계에 따라 결정된다. 개인적인 소소한 칭찬이나 격려는 개별적 관계를 맺는 효과적인 방법이다.

칭찬의 반대는 비난이 아닌 벌이다. 칭찬받아 마땅한 사람을 제대로 칭찬하지 않는 것은 열심히 노력한 사람에게는 벌과 다름없다. 그렇다고 해서 칭찬이 기름 냄새 가득한 말을 하는 것을 의미하지는 않는다. 칭찬은 마땅한 사람에게 마땅한 방법으로 하는 것이다. 찾아보라. 사람이면 누구나 사랑받아 마땅하듯이 칭찬받아 마땅한 일들을 거의 매일 한다.

한글날을 맞아 '밥말 청정 언어 순화 캠페인'을 했습니다. 말로 밥을 변화시킬 수 있는지 알아보는 실험이지요. 이 실험의 취지는 아이들의 말을 순화시키기 위해서 선생님들이 먼저 말의 중요성을 알아 보자는 것입니다.

같은 양의 흰밥을 담은 유리병에 '예쁜말' '미운말'이라고 써서 모든 교무실에 2개씩 나누어 드렸습니다. 그리고 선생님들이 그 병에다 틈나는 대로 말을 하는 것입니다. 예쁜말 병에는 '사랑해, 고마워, 참 이뻐'와 같은 긍정과 칭찬의 말을, 미운말 병에는 '짜쫑나, 왜 그 모양이니? 이 한심한 놈아'와 같은 미움의 말을.

과연 변화가 일어날까 정말 궁금했는데, 심장이 떨리는 변화를 보여줬습니다. 교무실마다 참여 성향이 달라서 차이는 있지만 결과는 놀라웠습니다.

사진에서 보듯이(사진 생략) 미운말이 곰팡이가 많이 슬었답니다. 생각도 마음도 느낌도 없는 밥이 변한 겁니다. 놀랍지 않나요? 저는 소름이 돋더라구요.

더 신기한 것은 본 교무실에서는 윤선생님은 미운말을 하기로 하고 박선생님은 예쁜말을 하기로 했는데, 박선생님이 일이 많다보니 그걸 한쪽에 밀어두고 쳐다도 보지 않았다네요. 그런데 미운말도 곰팡이가 심하게 났지만 무관심했던 그 밥은 형체가 없어질 만큼 심하게 변해 버렸습니다. 또 행정실 밥은 별 말도 하지 않고 '예쁜말이네, 미운말이네' 속으로 말하며 쳐다만 보았답니다.

그런데도 변화가 있었습니다. 선생님들은 무관심과 낙인이 더 무서운 거라고 하십니다. 거기다 이름표를 붙여 쳐다만 보아도 변화가 온다니 감동스럽기도 하고 무섭기도 합니다. 밥에 한 실험이지만 밥이 아닌 민감한 우리 아이들에게 어떤 말을 해야 하나 다시 생각하는 계기가 되었습니다. 아이들 말을 순화시키려고 한 실험이지만 우리 마음의 옷깃을 여미게 하는 실험이었습니다.

요즘 저는 교실을 돌며 아이들에게 말합니다.
'얘들아 사랑해!' 아이들은 답하지요. '저두 사랑해요. 선생님!'
인심 좋은 우리 아이들은 거기다 하트까지 빵빵 날려줍니다. 게다가 가끔 저를 안아도 줍니다.

(2012. 10월 밥실험 후 학교장 통신중에서)

한 번도 사랑한다는 말을 해 본 적 없는 아버지의 모습이 진정한 한국 아버지의 모습이 아닌 것처럼, 말을 아끼는 진중한 교장이 권위 있는 교장도 아니다. 잘한 일에 대해 칭찬하고, 노력을 인정해 주고, 지칠 때 격려하고, 필요할 때 아낌없이 박수쳐 주는 것이야말로 성공하는 교장의 핵심 덕목이다.

'말 안 하면 모르냐?'는 말은 인간에게 귀한 언어를 준 하나님에 대한 반항이다. 평범한 사람들은 말 안하면 모른다. 게다가 가족도 아닌 남은 더 모른다. 습관적으로 칭찬을 즐기라. 그리고 말과 행동으로 표현하라.

때에 따라서는 무엇이 잘못되었는지, 무엇이 실수인지, 무엇이 문제인지 질책에 초점을 맞추어야 할 때도 있다. 어디로 튈지 모르는 어린 학생들을 안전한 길로 데리고 가야하는 책임감가 중압감으로 어쩔 수 없는 면도 분명히 있다. 그러나 성공적인 교장은 그런 상황에서도 자주 소통하고 대화하면서 교직원들을 잘 살핀다. 그래서 무엇을 격려해야 하는지 무엇을 칭찬해야 하는지를 아는 지혜가 있다.

긍정적인 눈으로 바라보면 칭찬거리는 무수히 많다. 칭찬과 긍정은 학교통할이라는 학교장 업무의 하나다. 직장인이 싫어도 매일매일 해야 하는 일상 업무가 있듯이 칭찬과 격려는 교장의 일상 업무다. 말로, 글로, 메시지로, 눈빛으로, 작은 선물로 표현하라.

모든 교장이 교직과 교직원에 대한 사랑과 헌신의 마음을 가지고 임한다 해도 별로 특별할 것이 없을 수도 있다. 그러나 학교장이 사랑과 헌신의 마음이 없이 아이들과 교직원을 대한다면 그 학교에는 결코 특별한 일은 일어나지 않을 것이다.

마음을 만질 줄 안다

우리는 종종 매사를 논리적으로 해결하려 한다. 그러나 아무리 논리적으로는 정당한 방법이라 해도 마음이 움직이지 않는다면 소용없다. 광고 문구처럼 마음이 한다. 사람을 만나고 또 그 사람들과 같은 공간에서 같은 목표를 가지고 사는 일은 결코 쉬운 일이 아니다. 나도 내가 제어가 안돼서 자신감이 있냐가 없냐가, 내가 좋았나 싫었나 하는 데 하물며 남이 어찌 한결 같이 좋기만 하겠는가?

내가 힘들면 상대도 힘들고, 상대의 단점이 10이면 나도 10이다. 그게 세상 이치다. 완전한 선은 없고 완벽한 해결책도 없다. 이 세상 모든 일들이 완벽하지 않으니 부족한 면만 보면 그게 전부인 것처럼 보여 한심해 보이고 화가 날 수 있다. 결국 사람은 자신의 마음 그릇만큼 행복을 누리며 산다. 그래서 교장은 언제든 어느 순간이든 '역지사지'와 '측은지심'을 가져야 한다. 그게 교직원들의 마음을 만지고 내 마음을 보호하는 길이다.

성공적인 교장들은 구성원들을 극한 상황으로 몰고 가거나 마음을 다치게 하지 않는다. 그들은 교직원들을 여러 사람 앞에서 망신을 주거나 변할 수 없는 사실을 들먹이며 자존심을 건드리지 않는다. 마음의 문을 닫으면 아무리 대단한 사람이 온다 해도 변화는 끝이다. 특히 교육은 상호간의 경의와 존경 속에서 이루어지는 것이기 때문이다.

어른이나 아이나 사람은 누구나 아킬레스건이 있다. 이에 대한 보호와 배려는 반드시 필요하다. 그럼에도 불구하고 혹 이를 건드리는 상황이 발생했다면 성공적인 교장은 즉시 사과 한다. 누구나 실수할 수 있고, 다칠 수 있다. 붕대를 감아주듯 사람들의 마음을 만질 줄 아는 교장은 스스로 행복하다. 개별적 반응을 받아들일 준비를 하고 있어야 한다. 교장은 역지사지의 귀재여야 한다. 마음을 잘 만지는 가장 좋은 방법은 '역지사지'하는 것이기 때문이다.

마음을 만지기 위해서는 따뜻한 말과 위로도 필요하고 가끔의 이벤트도 필요하다. 내가 교무부장 시절 우리 교감 선생님은 내가 수업 끝나고 들어오면, 나를 한쪽으로 슬쩍 끌어다가 음료와 영양제를 먹이곤 했다. 당시 6차 교육과정이 도입되어 학교 교육과정을 만들던 시기였는데 아이 둘을 키워가며 하루에 왕복 200㎞를 통근하며 일하는 30이 갓 넘은 젊은 교무부장이 측은했던 모양이다. 지금은 돌아가셨지만 나도 그분이 하던 것을 슬쩍슬쩍 흉내내보곤 한다. 고생하는 선생님에게 슬쩍 영양제 한 통 쥐어 주기도 하고, 시어머니 때문에 어려워하는 젊은 교사와 함께 눈물 콧물 흘려가며 시원하게 흉도 봐주고, 야간 자습때문에 늦은 귀가로 아내에게 눈치 보는 새신랑에게 케익 하나 들려주면서 퇴근시키는 것도 교장의 역할이다.

나는 전에 학교에서 3년간 12월이면 '등골 브레이커 편지'를 썼다.

처음에는 나보다 10살이나 많은 교감에게 미안한 마음이 들어 편지와 작은 선물을 하려고 시작했다. 쓰다 보니 교무부장도 미안하고, 학생부장도 미안하고, 김선생도, 이선생도 다 미안하고 고마운데 누구만 특별대우하면 안 될 것 같았다. 그러다가 조리원, 원어민까지 70여명을 매 해 쓰게 되었다. 그래서 그나마 국어과 출신이라 다행이지 어깨가 빠지고 좀비가 되었다.

교직원들이 한 해 가장 미안하거나 고마운 사람 한 명을 지정해주면, 그 사람에게 편지를 썼다. 남편, 아내, 어머니, 사위, 시어머니, 심지어 6살 아이에게도 편지를 썼다. 선생님들은 그 많은 편지가 설마 '개인 맞춤형'일까 의심의 눈으로 서로 바꾸어 보다 마음 찡했노라고도 했다. 9월 발령 후 3개월 만에 보낸 편지는 불도저 같기만 한 나를 다시 본 계기가 되었다고 했다. 지나서 생각해보니 그런 마음 만짐이 학교 변화의 큰 힘은 아니었나 싶다.

3년 간 근무하고 떠나던 날 우리 선생님들은 '눈물 없이 볼 수 없는 (?) 교장선생님 편지'가 그리울 것이라고 했었다. 12월 24일 오후 크리스마스 캐럴이 흐르는 가정실에서 나와 교감, 행정실장이 사비를 내서 음식을 준비하고 수석도 거든다. 나이 많은 교감과 행정실장이 생전 처음 앞치마 두르고 구워준 만두, 교장이 만든 특제 수육은 그간의 수고를 녹이기에 충분했다. 끝나고 들려 보내는 케익과 편지는 가족들의 수고를 위로하는 작은 마음이었다. 지금이라면 다시 할 수 있을지 모르겠지만 편지를 다시 읽어보니 그 시절이 새록새록 고맙다.

❶

○○아! 나는 엄마가 계신 학교 교장 선생님이야.

우리 학교에서는 크리스마스에는 작은 파티를 한단다. 몇몇 선생님들이 음식을 마련해 고생한 분들과 식사도 하고, 소중한 사람에게 선물도 하지. 엄마가 한 해를 돌아보며 고마운 한 사람을 정해주면 교장선생님이 편지도 쓰고 선물도 마련해 주는 행사야.

엄마는 ○○이가 바쁜 엄마를 대신해서 아침마다 동생 잘 챙겨주어서 정말 고맙다고 하신다. 게다가 ○○이가 정말 똑똑하고 공부도 잘하고 착하다고 자랑이시다. 엄마는 학교에서도 늘 너희들을 생각하며 지내신단다.

엄마는 항상 너희들에게 미안하다고 하시는구나. 집에 있는 엄마들처럼 더 자상하게 돌봐주고 시간을 많이 보내야 하는 데 그렇지가 못해서 혹 너희들이 서운해하고 쓸쓸해 할까봐 걱정이시지. 올 한해 ○○이가 동생 데리고 잘 지내줘서 행복한 한 해가 간 것 같구나. 아마 네가 자라서 직업을 가지면 엄마 마음을 이해하고 엄마를 존경하게 될거야. 여자로서 직업을 가지고 가정과 직장을 잘 한다는 것인 얼마나 어려운 일인지 모른단다. 그렇지만 ○○이를 위해서도 엄마가 직장에서 열심히 일하는 것은 좋은 일이라는 것을 네가 조금만 크면 알게 될거다. 엄마가 집에 있는 다른 엄마들처럼 잘 챙기지 못해도 ○○이가 이해하고 도와주리라 생각한다.

우리 학교에서는 엄마가 꼭 필요하단다. 엄마가 학교의 살림꾼이지. 엄마는 학교의 어마어마하게 많은 돈을 모두 관리하고 쓸 수 있도록 서류를 만드는 일을 하신단다. 아마도 엄마가 학교에서 조금이라도 일을 잘하지 못하면 우리학교는 돌아가지 않을거야. 게다가 교장선생님은 엄마가 일을 잘 해주지 않으면 편하게 잘 지낼 수가 없어.

내년에도 지금처럼 엄마가 걱정하지 않게 더 건강하고 배려 깊게 생활하고, 엄마아빠를 기쁘게 해 드려야 한다.

그동안 네가 착하게 잘 해줘서 작은 선물을 보내니 받아주렴. 즐거운 크리스 마스 보내고 새해에는 엄마아빠와 함께 더욱 행복하거라.

❷

안녕 ○○아!

나는 엄마네 학교 교장할머니야. 기억나? 지난번에 학교에 왔을 때 만났지? 우리 학교에서는 크리스마스가 되면 선물 나누어 주기 행사가 있단다. 교장선생님이 싼타같지? 작년에는 형아한테 주었었는데 올해는 ○○이 차례네?

엄마가 올해는 형아 학교 다니는 것 챙겨주느라 ○○이한테는 신경도 제대로 못 썼는데 혼자서 한글을 공부했다며? 우와!! 대단하네. 우리 ○○이 정말 열심히 노력했구나.

혼자 한글을 읽는 일이 쉬운 것 같아도 정말 어렵거든. ○○이는 아마도 한글을 읽기 위해 엄청나게 연습하고 노력했을 거야. ○○이를 보니 무엇이든 열심히 노력할 것 같아.

○○이는 유치원 다니지? 지난번에 보니까 아주 씩씩하더라고. 엄마가 학

교에 다녀서 할머니가 돌보아 주어도 항상 씩씩하고 열심히 노력하는 것 같아. 형아 하고도 사이좋게 잘 지내지? 가끔 싸우기도 하겠지만 때리거나 욕을 해서는 안돼. 싸워도 말로만 해야 해. 그리고 형 말을 잘 듣고 따르면 더 좋고 ..

엄마는 학교일로 항상 바쁘시지? 그래도 ○○이가 부모님 말씀 잘 듣고, 형아 말 잘 들어서 엄마가 행복하시대.
 교장선생님은 엄마를 정말 좋아해. 다정하고 이쁘고 또 선생님들과 학교 누나 형들이 공부 잘 할 수 있도록 이일 저일을 해 주셔. 엄마가 계셔서 학교가 막 좋아지고 있단다. 방학 때 시간나면 형아하고 놀러와. 그리고 어린이집에서 배운 노래 한 곡 불러 줄래? 그리고 네가 혼자 익힌 한글 솜씨로 동화책도 읽어주면 좋겠어,

우리 ○○이 즐거운 크리스마스 맞이하고 새해에는 더씩씩하고 건강하고 형아와 사이좋게 지내고 엄마아빠 말씀도 잘 들어야 한다.

❸

'꽃은 젖어도 향기는 젖지 않는다.' 어떤 선생님께서 선물해주신 책제목입니다. 시간은 흐르는데 우리 선생님들 모두 정지된 사람들처럼 아이들만 바라보며 1년을 보냈습니다. 학교가 어려워도 선생님들의 수고와 열정은 빛을 발했습니다. 이런 수고와 열정으로 감사할 일이 너무나 많은 한 해가 저물고 있습니다.

우리 학교에서는 제가 부임한 해부터 크리스마스 전날에 저하고 교감선

생님, 행정실장님이 한 해 고생한 직원들을 위해 음식도 준비하고 선물도 준비하는 작은 파티를 엽니다. 수석님도 힘을 보태고 계시네요. 저야 여자라 그렇지만 남자인 실장님과 교감선생님이 앞치마 두르고 일하시는 모습은 상상만으로도 즐겁습니다. 또 선생님들께서 마음에 품고 있는 고마운 한 사람을 정해주시면 선물도 드리고 제가 편지도 씁니다. 이렇게 편지를 쓰다 보면 새삼 학교와 직원들에 대한 감사와 사랑이 새록새록 생겨서 좋기도 합니다.

그런데 부장님께서는 사모님을 세상에서 가장 고맙고 소중한 사람으로 고르셨습니다. '당신은 물 그리고 나는 물고기'라는 명언도 남겨 직원들을 유쾌하게 했습니다(하하^^). 5명이나 되는 아이들과 시아버님 모시고도 바다처럼 큰 마음으로 늘 여유있게 가정을 이끈다고 은근히 자랑입니다. 사모님의 이해의 바다에 본인은 헤엄치는 고기라나요. 멋지지요? 별로 표현하시지는 않지만 항상 가정을 소중하게 생각하는 모습이 대단하십니다. 아이들에게 마음처럼 자상한 아빠가 돼주지 못하는 것과 아내에게 고마운 마음을 제대로 표현하지 못하는 것을 항상 미안해 하시더라고요.

사모님도 아시다시피 학교가 정말 바쁘고 스트레스가 많은데다 욕심많은 저까지 힘을 보태고 있네요. 미안하고 죄송합니다. 부장님께서 매일 늦게 퇴근하시고 일이 많아서 걱정이시죠? 그렇지만 우리 학교는 부장님의 헌신과 노력으로 발전하고 있습니다. 금년도에도 우리 학교는 많은 변화가 있었지만 특히 부장님 덕분에 입시가 성공적으로 마무리 되었습니다. 교무부장은 학교의 심장입니다. 금년에 저와 함께 학교에 헌신하겠다는 약속을 지키기 위해 정말 애썼습니다. 업무에 능통하고 소리 없이 최선을 다하는 부장님의 노력으로 우리학교는 변화가 더 빨라지고 있습니다. 그럼에도 제가 부장님의 진로에 해 드릴 것이 별로 없어 안타깝고 속상할 뿐입니다.

올 한해 넓은 이해의 바다로 살아주신 사모님 헌신과 사랑에 비하면 너무 작은 선물이지만 영화도 한편 보시면서 여유 가지세요. 생각해 보니 남은 인생 시간이 별로 많지 않더라구요. 사랑도 마구마구 표현하라고 하세요. 새해에는 더욱 건강하고 행복하십시오.

❹

안녕하십니까? 저는 ○○고등학교 교장 가경신입니다.

우리 학교에서는 제가 부임한 해부터 크리스마스 전날에 저하고 교감선생님, 행정실장님 그리고 수석님이 함께 한 해 고생한 직원들을 위해 음식도 준비하고 선물도 준비하는 작은 파티를 엽니다. -중략-

그런데 ○선생님께서는 어머님을 세상에서 가장 고맙고 소중한 사람으로 고르셨습니다. 선물도 고르셨구요. 어머님께서 몸이 불편하신데도 두 아이들을 건강하게 보살펴주셔서 어떻게 감사를 표현해야 할지 모른답니다. 늘상 어머님 덕분에 직장생활 한다고 자랑도 하고, 걱정도 합니다.

요즘은 학교가 정말 바쁘고 스트레스가 많습니다. 게다가 욕심 많고 일 벌리기 좋아하는 젊은 교장 때문에 더 일이 많아졌답니다. 그 때문에 며느리가 바빠져서 어머님께서 더 어려우시지요? 학교도 옛날 같지 않아 모두 일이 많아져 신성생님을 배려할 수가 없어 안타까울 뿐입니다. 내년에는 더 걱정입니다. 어쩔 수 없이 어려운 일을 주어야 할 것 같아 지금부터 걱정입니다. 어머님께 죄송할 뿐입니다.

며느님은 정말 우리학교의 보배입니다. 업무는 물론 인간관계며 아이들에 대한 열정이며 제가 늘 감탄하지요. 직장과 가정을 양립해야 하는 어려움도 별 표시 내지 않고 해줘서 고마울 뿐입니다. 제 옛날 생각이 납니다. 저도 두 아이를 시어머님 신세지면서 키웠거든요. 그때 어머님의 지원과 인내가 없었다면 오늘의 저는 없었을 것입니다. 제가 힘들어하면 오히려 여자도 성공하는 시대라고 힘주셨던 기억이 나네요. 지금은 아이들이 장성해서 저보다 할머니를 더 챙겨서 질투가 나기도 합니다(하하^^).

어머님 감사합니다. 며느리 일 잘하도록 아이들 챙겨주셔서요. 교장으로서 어머님께 큰절이라도 하고 싶은 심정입니다. 신선생님은 정말 능력이 있거든요. 저의 젊은 시절을 보는 것 같아요. 능력있는 여성이 잘 성장하도록 도와주는 것도 여교장으로서 저의 의무라고 생각합니다.

그간의 뒷바라지에 보답하기에는 너무 작은 선물이지만 즐겁게 받아 주시고 행복한 성탄 맞으십시오. 새해에는 더욱 행복하시기 바랍니다.

- 전 략 -

이번에 실장님은 ○○씨에게 화이팅 선물을 드리고 싶다고 하시네요. 지금 휴학중이지만 이 기간이 성장의 기간이 되기를 바라는 아버지의 마음을 담으셨습니다. 심은지 4년 동안 전혀 자라지 않다가 5년째 되는 해에 자라기 시작해서 6주만에 15m 이상 자란다는 모소 대나무처럼 휴학의 기간이 성장을 위한 내공의 시간이겠지요? 이제 복학하면 마지막 대학생활이 취업준비로 바쁘겠군요. 사실 취업이 쉬운 일이 아니라 마냥 대학생활을 즐길 수도 없겠지요? 그렇지만 부모님의 응원과 지지가 있다면 잘 될거라 생각합니다.

모든 현대의 직장이 다 그러하듯이 학교도 참 바빠졌습니다. 그만큼 요구하는 것도 많아졌구요. 우리 학교도 일이 많은 학교입니다 게다가 학교에서는 행정실과 교무실이라는 2실 체제라 때로는 어려움도 있지요. 그렇지만 아버님은 최고의 리더십을 발휘하는 분이십니다. 명장 중에 덕장이 최고라고 하는 데 정말 덕으로 모든 것을 해결하십니다. 부지런하기까지 하셔서 눈 오는 날이면 아이들 미끄럽다고 부하직원하고 직접 눈을 쓰십니다. 정말 아버님은 공무원 중에 공무원입니다. 아버님같은 공무원이 많다면 대한민국은 다른 모습이겠지요? 정말 존경합니다. 게다가 이번에 사무관으로 승진하셔서 참으로 감사할 일입니다. 사무관은 공무원의 꽃이라고 하지요. 힘든 길이지만 정도를 걸어 잘 승진하셔서 저도 기쁩니다. ○○군을 보지 않았어도 아버님의 아들이라면 더 볼 것 없이 성실하게 삶을 준비하리라 봅니다. 파이팅 하십시오.

　○○씨를 응원하기에는 너무 작은 선물이지만 즐겁게 받아 주시고 행복한 성탄 맞으십시오. 새해에는 더욱 행복하시고 효도 많이 하시기 바랍니다.

(크리스 마스 편지 중 일부)

　교직원들의 삶을 민감하게 공감해 주는 것도 교장이 연습해야 할 역량인 것이다. 크리스마스 편지가 어렵기는 했지만 정성을 다하며 한 분 한 분을 생각했던 기억은 지금도 따뜻하다.

　그렇지만 명심할 것은 사랑은 절대 내 마음대로 하는 것이 아니라 상대가 원하는 것을 상대가 원하는 방식으로 해주는 것이라는 것이다. 그러니 마음을 만지는 것도 요령이 필요할지 모르겠다. 아니 진심이 필요할 것이다.

사람 인(人)자를 기대며 사는 모습의 상형문자라고 한다. 그러나 나는 이 해석에 동의하지 않는다. 아래서 기댐을 당하는 사람은 얼마나 무겁고 힘들겠는가? 나는 사람 인(人)은 큰 사람(丿)이 작은 사람(丶)을 포용하고 감싸주는 형상을 딴 문자라고 생각한다. 사람이라면 더 나이 많은 자가, 더 지위가 높은 자가, 더 지혜로운 자가, 더 경험이 많은 자가, 더 권력이 있는 자가, 더 가진 자가 너그럽게 감싸며 살아야 한다. 그래야 사람(人間)이다.

무시할 것은 무시한다

 성공적인 교장은 선택과 집중할 줄 아는 능력이 있다. 중요한 것과 그렇지 않은 것을 걸러내 무시할 것은 무시하고 중요한 것에 집중한다. 학교의 일상이나 업무, 교직원과의 관계에는 다양한 장면들이 연출되고 예기치 않은 상황들이 만들어진다. 이것을 매 순간 반응하고, 매 순간 흥분한다면 변화는 이루어지지 않는다. 어느 집단이든 삐딱선을 타는 사람들이 있기 마련이니 이런 사람들은 적절히 무시하고 가야 학교가 늪에 빠지지 않는다. 또 굳이 참견하지 않아도 될 정도의 예산과 사안들은 슬쩍 눈감고 결재 클릭하라. 칭찬은 세심하게, 비난은 인색하게, 계획은 꼼꼼하게, 과정은 대범하게 하는 것이 좋다.
 성공적인 교장은 어떤 문제는 활용하고 어떤 문제는 적절히 무시하고 가야할 지를 안다. 많은 연구에서 훌륭한 리더는 사람들에게 민감하게 반응하지만 소소한 일들을 적절히 무시하는 사람이라고 한다.

 성공한 많은 학교들의 사례에서 보면 학교장은 필터와 같다. 성공적인 학교장은 철학과 통찰력, 관찰력이라는 필터로 학교에서 일어나는 일상적인 일들, 사회적 사건, 학교의 문제 등을 적절하게 걸러낸다. 정해진 시간과 상황 속에서 세상의 모든 좋은 것을 우리 학교에 다 적용할 수는 없다. 우리 학교에 적용할 것들과 그렇지 못할 것들, 일정 기간 지속성을 담보할 수 있을 것들, 구성원들 역량에 적절한 것들을 때로는 촘촘하게 거르기도 하고 때로는 성글게 거르기도 해야 한다. 성공적인 교장은 많은 일을 하는 사람이 아니라 적정한 시기에 적절한 것을 적합하게 하는 사람이다.

성공적인 교장은 교육의 본질을 잃지 않고 학생들의 미래는 지극히 개별적이며 교직원들의 행복도 개인의 몫이라는 것을 안다. 그래서 그들이 가진 본래의 색과 맛을 잃지 않게 하기 위해 섬세하게 노력한다. 그러면서도 불필요한 논쟁이나 소소한 잔소리로 방향을 잃지 않는다.

예를 들어 교사들 중 출장이 매우 잦아서 화를 돋우는 경우가 있다. 그래서 전체 교직원의 출장 관련 내용을 세세하게 확인하고 잔소리 하다 보면 몇몇 부적절한 사람들 때문에 선량한 많은 사람들의 자존감을 떨어트린다. 또 불법은 아니지만 예산사용을 합리적으로 하지 못한다든가, 공문의 형식을 갖추지 못하는 경우마다 일일이 가르치고 참견하다보면 정작 중요한 것에는 양치기 소년의 외침이 되기도 한다. 학교장이 어디에 가장 큰 관심을 두느냐는 그 학교의 품격과 정체성을 결정한다. 무시해도 좋을 일들로 학교의 교육력이 떨어지게 해서는 안 된다.

법률에서 범죄로 규정하고 있거나, 학교의 신뢰에 타격을 주거나, 신분 불안을 조장하는 경우가 아니면 3-4번쯤은 눈 질끈 감아라. 가정통신문이나 외부적인 문서가 잘못되어 있으면 다시 고쳐오라고 반려하지 말고 소소한 것들은 교장이 고쳐주어도 좋다. 교사들은 학교장이 진심으로 교사를 도우려 하는지 잘난 척 하려는지 다 안다. 그러니 공치사 하지 말라. 학교 기념품, 간식거리, 회식 메뉴 따위에 연연하지 마라. 너무 먹어서 탈인 세상이니 덜 먹으면 건강에도 좋다. 몇 십만 원짜리 물품 하나 사면서 다시 생각해 보라고, 검토해 보라고 자꾸 반려하지 말라. 교사들의 생각과 노력은 돈 쓰는 데가 아니라 교육적인 데 써야 한다.

천주교의 기도문에 '내 탓이오.'라는 말이 있다. 많은 경우 '내 탓이오.'를 먼저 생각하면 소소한 일들은 비교적 쉽게 정리가 된다. 어른과 아이가 싸우면 십중팔구 어른의 책임이다. 마찬가지로 교장과 교직원들이 갈등하면 80-90%는 학교장의 탓이다. 왜냐면 학교장은 학교의 어른이기 때문이다. 용서는 어른이 하는 것이고 윗사람이 하는 것이다.

연구사 시절 상사 때문에 너무 괴로운 적이 있었다. 내 성격에도 직장을 그만둘까 심각한 고민을 한 적이 있다. 그때 위로가 된 황지우 씨의 '소나무에 대한 예배'라는 시가 있다.

학교 뒷산 산책하다
반성하는 자세로 눈발 뒤집어쓴 소나무
그 아래서 나는 한 사람을 용서하고 내려왔다.
내가 내 품격을 위해서 너를 포기하는 것이 아닌,
너 있는 그대로 받아들이는 이것이
나를 이렇게 휘어지게 할 지라도

<황지우 소나무에 대한 예배 중에서>

누군가를 용서하고 받아들이는 것은 내 품격의 유지를 위해서이지 상대를 포기하는 것은 아니다. 상황에 따라 무시 전략을 쓰는 것은 상대를 하대하고 포기하는 것이 아닌 그를 있는 그대로 받아들이는 방법이며 나를 지키는 최후의 보루다.

다름을 받아들인다

 학교를 다르게 하고 교사들의 열정을 끌어내는 차이를 결정하는 힘은 무엇일까? 성공적인 교장에게 그 답은 명확하다. 학생뿐만 아니라 교직원들의 다양성을 인정하고, 그 다양성의 장점을 극대화하는 것이다.

 어찌보면 구성원들은 모두 다르지만 궁극적으로는 같은 요구를 가지고 있다. 누구를 향하고 누가 중심에 있느냐의 차이는 있겠지만 누구나 보람, 존중, 소통으로 일상적인 행복을 누리는 학교를 바라고 있을 것이다. 구성원들이나 학교 상황이 달라서 학교 문화가 달라지는 것도 있지만 교장의 차이가 결과를 예견하는 경우도 상당히 많다. 같은 학교에 근무해도 교장마다 다른 성취 결과를 낸다. 그 이유는 무엇일까? 여러 가지가 있겠지만 각기 다른 구성원들이 저마다의 책임과 능력을 다하게 만드는가 그렇지 않은가가 가장 중요한 차이일 것이다.

 첫 학교에 있을 때의 경험이다. 부임한지 얼마 되지 않아 학교를 둘

러보고 있는 데 어느 학생이 노랗게 염색한 머리를 하고 있었다. 나는 학생에게 왜 이렇게 머리를 물들였냐며 약간의 책망성 발언을 했다 학생은 울먹이며 답했다.

"원래 머리 색깔이예요. 우리 규정에 염색하지 말라고 했는데 염색을 할 수도 없고 안 할 수도 없어요."

부모님 중에 한분이 러시아인인 동포학생이었다. 너무 착하고 순한 눈으로 대답하는 학생에게 나는 정말 미안했다. 모든 학생들의 머리는 검다는 나의 편견이 한 대 맞은 느낌이었다. 그 사건을 기점으로 다르다는 것에 대해 새로운 시각을 갖게 되었고 우리가 강요하는 규정들이 얼마나 허술하고 허망한지를 좀더 고민하게 되었다.

검은 머리, 흑갈색 머리카락이 학생답다는 생각은 시대착오다. 그까짓 머리 색깔이 무얼 그리 중요하다고 정작 중요한 반짝이는 눈을 보지 못한다는 말인가? 팔 흉터로 반팔 교복이 싫은 학생을 복장 규정이라는 동일 잣대로 들이대는 학교는 학교가 아니다. 학교장은 다름에 익숙해야 하고 적극적으로 수용할 뿐 아니라 오히려 조장되는 환경을 만들어야 한다. 젊은 교사들의 머리나 의복의 다름에도 익숙해져야 한다. 교사들도 다 다르다. 교육자로서, 교사라는 직업인으로서 그들의 바람은 비슷하지만 성장 환경이 다르고 경험이 달라 그들의 수업 방식도, 생각도, 상황에 반응하는 방법도 다르다.

학교에서 다른 요구들이 튀어나오면 요구가 많아 골치 아프다고 하지 말고 학교가 역동적이고 다양성이 있어 다행이라 생각해라. 학생들도, 교육의 방법도, 교육의 가치관도 서로 다를 수 있다는 것을 인정하는 유연함이야말로 학교를 역동적이게 하고 변화하게 하는 힘이다. 다름을 인정하는 것은 소위 꼰대를 벗어나는 지름길이며 나를 행복하게 하는 길이다.

우리학교에 머리를 빡빡 밀고 다는 학생이 있다. 이유를 물으니 간단 명쾌하다. 편하고 좋아서란다. 여학생의 머리카락이 짧다고 다른 사람이 피해를 입는 것도 아니고 생활 규정에 머리카락 길이 제한이 없으니 규정에 어긋나지도 않는다. 그러니 선택은 자유다. 나는 우리 아이들의 이런 위험한 도전이 사랑스럽다. 늘 같은 길, 똑 같은 일을 하기보다 새로운 것에 도전하는 용기야말로 우리 아이들을 성장하게 하고 다름을 고민하는 정신이 아이들이 살아갈 세상의 경쟁력이 될 것이기 때문이다.

<직원들을 행복하게 하는 학교장의 생각>

1) 학교 변화의 동력은 방법이나 기술이 아닌 사람이라고 생각한다.
2) 시작부터 목표를 분명히 하고 이를 끊임없이 상기한다.
3) 이미 일어난 문제 행동보다 같은 행동을 반복하지 않는 것이 중요하다고 생각한다.
4) 교직원들은 걸맞는 대우와 기대를 받아야 한다고 생각한다.
5) 긍정적인 분위기 만들기와 직원 존중이 학교장의 중요한 일상 업무라고 생각한다.
6) 불필요한 것을 적절히 제거하기 위해 고민한다.

7) 어떤 일을 할 때 목적과 방향을 먼저 생각한다.
8) 잘못된 것을 바로 잡기 위해 많은 생각을 하고 행동에 옮긴다.
9) 무언가를 결정하고 행하기 전에 항상 '교육적인가?' 질문한다.
10) 모든 것에는 감정적, 정서적 동기가 있다는 것을 잊지 않는다.

<직원들을 행복하게 하는 학교장의 언행>

1) 언제나 웃는 얼굴이며 유쾌한 웃음소리가 끊이지 않는다.
2) 친근한 어투와 어조로 말한다.
3) 학생들이나 직원들에 대한 칭찬과 감사에 익숙하다.
4) 적당한 성량과 어조로 품위를 지킨다.
5) 자주 눈을 마주친다.
6) 적절하게 손마주침과 같은 친근한 동작을 한다.(래포 형성 뒤)
7) 언제든 반갑게 인사를 받아준다.
8) 유머와 재치를 잘 활용한다.
9) 다른 사람들의 말을 곡해하지 않고 여유로 받아준다.
10) 실수를 빠르게 인정하고 '미안하다. 잘못했다.'는 말에 인색하지 않다.

<직원들이 따르고 싶어하는 학교장의 특성>

1) 말한 대로 행동한다.
2) 남의 말을 잘 듣는다.
3) 외모든, 말이든, 행동이든 닮고 싶은 사람으로 느끼게 한다.

5) 양심에 따라 당당하게 행동한다.
6) 평범한 사람이 생각하지 못한 것을 생각해 내고 실천하지 못하는 것을 실천한다.
7) 높이 있다기보다 가까이 있다고 느끼게 한다.
8) 누구와도 기꺼이 소통하려 하고 또 실제로 소통한다.
9) 과거를 소환하거나 편견으로 편을 가르지 않는다.
10) 자신의 일에 정통하며, 자부심이 있고, 열정적으로 일한다.

학교장 일상 모음

1. 학교장 3 않기
2. 행운의 대문 만들기
3. 여성 교직자로 성공하기
4. 교직 버킷 리스트
5. 교장실 수업

학교장 3 앓기

자화자찬 같지만 나는 장점이 많다.

가정과 직장생활을 균형있게 잘 해내는 것, 일에 대한 열정과 에너지, 사람을 특별히 미워하지 않는 것, 친절한 말투와 제스처, 끊임없는 아이디어, 독서 습관, 새로운 것을 기꺼이 받아들이는 것, 변화를 두려워 하지 않고 즐기는 것, 유쾌한 웃음과 표정, 남의 말에 잘 감동하여 상대를 기쁘게 하는 것, 잘 포옹해 주는 것, 칭찬 많이 해주는 것, 공감을 잘하는 것, 화를 잘 내지 않는 것 등.

물론 단점도 이에 못지않게 많지만 대부분의 사람들은 대체로 단점보다는 장점이 많다는 것이 내 생각이다. 나도 크게 다르지 않을 것이다.

그러나 몇 되지 않는 치명적인 단점 때문에 장점이 묻혀버리는 경우가 더 많은 것 같다. 나 역시 이러한 많은 장점에도 불구하고 치명적이면서도 반복적인 몇 가지 단점으로 나 자신을 어렵게 하고 특히 교장으로서 조직을 곤란하게 하는 경우가 종종 있다.

그래서 새해(2013년)에 나는 교장으로서 '3 않기'를 실천하려고 결심하게 되었다. 나의 부적절한 행동을 수정하는 방법으로 명세화된 문장을 만들어 상황에 마주쳤을 때, 그 문장을 속으로 되내는 방법을 써보려 한다. 마치 주문을 외우듯이 "하지마. 제발!"

1. 보태지 않기(누군가의 제안에)

맛있다고 하면 점점 재료가 보태져서 결국에는 국적 불명의 요리를 만든다는 아들의 불평처럼 나는 뭐가 좋으면 볶음밥 재료 보태듯이 막 보태는 버릇이 있다.

예를 들면 선생님들이 어떤 제안을 하면 아이디어가 넘치는 나는 이것저것 보태서 제안을 변형시키곤 한다. 어떤 경우 보태기 전보다 결과가 좋기도 하지만 막상 제안을 한 직원들은 자존감을 잃게 되고 보탤까 무서워서 아예 제안을 않는다. 그러다보니 일이 산만해지기도 하고, 교직원들의 적극성과 자발성이 떨어지는 것 같다. 그리고 계획한 것보다 일이 많아져서 피로도도 높아지고 만족도도 떨어진다. 그래서 금년의 행동 강령 1은 '보태지 않기'다.

2. 바꾸지 않기(일단 결정하면)

나의 장점 중에 하나는 마음이 열려 있는 것이라고 한다. 그런데 이게 어떤 때는 상대를 무지하게 피곤하게 하는 극단점이 되곤 한다. 한번 결정을 했는데 다른 사람이 와서 다른 의견을 내거나 혼자 곰곰히 생각하다가 바꾸는 경우가 종종 있다. 결정 장애에 변덕습관이라고 할까?

예를 들면 협의하여 무언가를 하기로 결정했는 데 다른 직원이 와서 이런저런 이야기를 하면 '고뤠?'하고 물러서거나 바꾸는 식이다.

힘들다고 하니까, 잘 안될 것 같다고 하니까, 아이들이 좋아하지 않는다니까, 가만히 있으면 중간은 갈 텐데 일을 저지른다고 하니까, 귀찮으니까, 낭비가 되니까 등등 이런저런 이유를 들어 결정된 일을 바꾸는 경우가 자주 생기다 보니 직원들은 갈팡질팡하게 되고 무기력해지는 경우가 많아졌다.

남의 말을 잘 듣는 행동이 때에 따라서는 열린 태도로 소통을 원활하게도 하지만 일을 복잡하게 하는 경우가 많다. 특히 원칙에 따라 업무를 추진해야 하는 부장님들에게 '도대체 어쩌란 말이냐?' '이럴려면 확실할 때까지 아무것도 안 하겠다'며 원성을 듣는다. 게다가 자꾸 바꾸다 보니 추진 속도도 느리다. 그래서 좀더 꼼꼼하게 챙겨가며 의견을 많이 듣고 신중하게 결정하고 일단 결정해서 공표한 것은 중도에 '바꾸지 않기'가 2번째 행동 강령이다.

3. 내가 해줄게 않기(일을 시킬 때)

나는 직원들에게 무슨 일을 하게 할 때 '내가 해줄게. 내가 알아볼게.' 등의 말을 먼저 해놓고 후회하는 경우가 많다. 이것은 내가 일곱째 막내로 자라 마음이 약한 것이 원인인 것도 같고, 일은 욕심은 많은데 미안하니 헛소리를 남발하는 것도 같고, 어찌보면 오지랖이나 오만함 같기도 하고, 조력자의 성향이 강한 나의 성격 탓인 것 같기도 하다.

이렇다보니 해 준다는 일이 너무 많아 힘에 부쳐 죽도 아니고 밥도 아닌 경우도 많고, 일에 치여 내 발등을 찍으며 후회하기도 한다. 때로는 '내가 도와줄게'하면서 선생님들을 설득해 놓고 막상 시작하면 어려워 발을 빼기도 해서 직원들을 당황하게도 한다. 그러니 직원들도 나도 힘들다. 교장이 다 해 줄거라고 기대했던 직원들은 실망하거나 감정을 상하기도 하고 나는 나대로 힘이 들고 성과도 시원찮은 경우가 많다. 차라리 시킬 때는 확실하게 시키고 나중에 힘들어 하거나 도움을 요청할 때 확실하게 도와주는 것이 나도 보람 있고 상대도 즐거울 것이다. 그래서 '내가 해줄게 않기' 이것이 나의 3번째 행동 강령이다.

내가 이런 명료화 기법을 활용하게 된 것은 지난 한 해 교장을 하면서 나의 단점을 잘 알면서도 정작 그 상황이 되면 같은 행동을 반복해서 우울하기도 하고 성과도 그르치는 경우가 많았기 때문이다. 나의 판단과 결정으로 1,000여 명의 학생과 교직원이 울고 웃는데 말이다.

금년에는 큰 욕심 부리지 말고 교장으로서 나의 가장 치명적인 단점 3가지를 고쳐서 좀더 행복하고 성과도 내는 '행복한 00학교'교장으로서의 역할을 잘 해내고 싶다.(2012년 학교장 통신 중에서)

행운의 대문 만들기

'30살까지의 얼굴은 부모님이 주신 것이지만 그 이후의 얼굴은 자신이 만든 것이다.'라는 말이 있다. 요즘이야 여러 가지 시술이나 성형이 흔하니 다른 해석을 할 수도 있지만 얼굴은 자신의 삶을 드러낸다는 말일 것이다. 얼굴은 수백 개의 근육으로 이루어져 있는데 자주 짓는 표정에 따라 특정 근육이 발달하게 되고 근육발달에 따라 다른 모습으로 변하게 된다. 자주 짜증을 내다보면 짜증 낼 때 작동하는 근육이 발달되어 그런 형태의 얼굴로 변하고 자주 웃으면 웃음을 띤 편안한 얼굴로 변하는 것은 당연하다.

관상학자들은 짜증이나 화를 내면서 생기는 좁은 미간과 쳐진 입꼬리, 불안한 눈매는 화를 부르는 관상이고 웃을 때 만들어지는 여유롭고 밝은 빛이 서린 눈, 환한 이마, 올라간 입꼬리 등은 복을 부르는 관상이라고 한다. 나는 내 얼굴을 내가 만들 수 있다면 이왕이면 복을 부르는 얼굴로 만들고 싶다. 영화 '관상'의 대사처럼 얼굴의 생김새만으로 결정하는 관상이 아니라 시대와 삶을 아우르는 좋은 관상을 가지고 싶다.

'행운은 웃는 얼굴로 들어와 불평하는 입으로 나간다.'는 영국 속담이 있다. 나는 이 말을 내 인생의 부적쯤으로 생각하며 살았다. 나는 행운을 부르기 위해 일부러도 웃고, 가식적으로도 웃고, 쓸데없이 웃고, 혼자서도 웃고, 화장하면서도 웃고, 일하면서도 웃는다. 물론 제대로 웃을 일을 많이 만들려 하고, 서운함, 속상함도 빨리 처리하려 하고, '욱' 할 때는 나만의 주문도 외운다. 이렇게 살다보니 웃음 근육이 발달된 얼굴이 만들어졌고 그래서 너무나 가난하고 어려웠던 어린 시절을 추억으로 기억하며 살 수 있을 만큼 행운이 들어왔다고 굳게 믿는다.

나는 교사 시절 '윗니 여덟 개 보이며 활짝 웃기'를 첫 수업의 숙제로 내곤 했다. 아이들은 의외로 어려워했다. 십대인 데도 우울한 표정으로 얼굴 근육이 굳어버린 아이들도 많아서 윗니 여덟 개 보이며 웃는 일이 쉽지는 않았다. 그래서 나는 아이들과 수업을 하면서 3번 이상은 파안대소하게 하려 애썼다. 우리 아이들의 얼굴이 행운의 대문이 되기를 바랐기 때문이다.

교육장 시절 고등학생들을 대상으로 강의를 한 적이 있었는데 한 학생이 행복과 성공의 비결을 말해 달라고 했다. 나의 대답은 언제나 같다.

'윗니 여덟 개 보이며 활짝 웃기! 그리고 독서하기'

지금 내가 가지고 있는 그대로를 감사하고 사랑하면 행복한 얼굴이 되고 그것은 결국 인생의 행운을 부른다.

누가 우리 아이들의 얼굴에서 웃음을 빼앗았는가? 아이들은 죄가 없다. 아이들이 웃는 법을 잊어버리게 만들 수는 없다. 요즘은 복도 이쪽에서 저쪽까지 들리게 큰 소리로 웃는 아이들 소리가 반갑고 좋다. 타인에 대한 배려를 가르쳐야 하고, 공동생활을 해야 하는 학교에서는 꽝인 행동이지만 그렇게 웃는 아이들은 주변 아이들에게 좋은 에너지를 전하는 것으로 배려를 실천하는지도 모른다. 게다가 요즘처럼 우울한 시대에 '까르르' 웃는 아이들의 웃음소리를 들을 수 있는 자체가 행운이다.

아이들의 웃음소리가 들려야 학교다. 그래야 학교가 행운의 대문을 활짝 열어 놓은 것이다.

여성 교직자로 성공하기

'여자라서 좋아요!' 옛날 어떤 광고에 있던 말이다.

나는 여자라서 힘들 때도 물론 있었지만 여자라서 좋을 때도 많았다. '다음 생애도 여자로 태어날래?'라는 질문의 답은 아니지만, 지금 이 삶에서 엄마인 것이, 아내인 것이, 여성 교직자인 것이 좋다. 물론 여자라 감당할 몫도 많고 여자라 포기해야 할 것들도 많았지만 살면서 다른 선택을 부러워하지도 않았고 그리 될 것을 꿈꾸지도 않았다. 그동안 가정생활, 직장생활, 사회생활을 하면서 맡은 책임을 다하며 내가 사는 세상을 조금은 행복하게 만들려고 노력하며 살았다. 나는 여학교에서 교장으로 나의 교직 인생을 마무리하게 된 것을 행운으로 생각한다. 말썽피는 아이들이 품에 꼭 안길 때, 아이들이 하트를 그리며 달려들 때 여자 교장이라 좋다. 그간 여성 선배들이 걸어간 길에서 그 길을 한 뼘이라도 넓히려 노력했지만 무엇보다 딸을 둔 엄마로서, 여자 제자들의 롤모델이기도 한 여성 교직자로서, 조금은 혜택 받은 여성 리더로서 나의 삶이 내 딸뿐만 아니라 후배나 우리 학생들에게 본보기가 되어야 한다고 생각하며 살아왔다. 나이가 들면서는 여성 후배들에게 부끄러울 정도로 살지는 말아야겠다고 생각한다.

나는 스스로를 나름 성공한 여성이라고 믿는다. 나에게 성공은 높은 자리나 부가 아니라 누구에게든 크게 부끄러워하지 않고 내 삶을 이야기할 수 있는 것이라고 생각하기 때문이다. 다음의 몇 가지들은 내가 공직자로서 부끄러운 삶을 살지 않기 위해 실천해 온 것들이다.

1. 얼굴 표정과 목소리 밝고 긍정적으로 하기

얼굴의 표정과 목소리는 타인에 대한 배려이며, 행운의 신이 들어오는 대문이다. 웃는 표정은 다른 사람을 즐겁게 할 뿐 아니라 자신에게 행운을 준다. 또 따뜻하면서도 활기찬 목소리는 에너지의 근원이다. 특히 전화 목소리는 안내원처럼 '솔'음으로 높여 내면 좋다. 축 쳐지거나 권위에 찌든 목소리로 전화기 저쪽 사람을 공연히 주눅 들고 쳐지게 만들 필요 없다. 타고난 얼굴 모습이나 음색이 좋고 나쁘고는 중요하지 않다. 나와 다른 사람을 위해 마음을 담아 즐겁고 활기찬 표정과 목소리는 필수다

이것의 바탕은 긍정적인 생각이다. 긍정적인 생각은 행운을 부르는 가장 강력한 힘이다. 행복은 무엇을 가지고 있느냐로 결정하는 것이 아니라 무엇을 가지고 있지 못하느냐에 따라 결정된다고 한다. 내가 가진 것만으로도 충분히 행복하다는 생각을 주문처럼 외웠다.

2. 자신의 일에 정통하기

'정통해야 따른다'는 부사관 학교의 교훈은 나의 공직자로서의 행동지침이다. 부하 직원들이 가장 좋아하는 상사는 그 분야에 정통해서 정확하게 판단하고 방향을 제시하는 사람이라고 한다. 그 분야의 정통한 지식은 조직의 에너지를 결집하게 하며 낭비 요소를 최소화시킨다. 리더십은 힘이나 권력에서 나오는 것이 아니라 전문성에 기반한 권위에서 나온다. 그러기 위해 언제나 공부해야 한다. 새로운 정보에 민감하고 새로운 문명에 호의적이어야 한다.

3. 시테크 잘하기

시테크는 시간을 아껴 쓰는 것만이 아니라 시간을 효율적으로 관리한다는 뜻이다. 동일하게 주어진 시간을 어떻게 효율적으로 사용하느냐는 전적으로 개인의 선택과 집중에 달려있다. 가정과 직장 어느 것 하나 소홀히 할 수 없으니 자투리 시간 활용도 시테크다. 또 돈으로 시간을 살 수 있다면 편리한 가전제품을 구입하고 바쁠 때 도우미를 활용해서라도 돈으로 시간을 사는 것도 직장과 가정을 양립해야 하는 사람의 지혜다.

나를 필요로 하는 사람과 함께 있는 시간, 내가 있어야 할 시간에 있어야 할 곳에 있는 것이 돈보다 귀하다. 내게 시간은 양의 문제가 아니라 질의 문제다.

4. 제대로 말하기

　말을 잘하는 것과 제대로 하는 것은 다르다. 말은 가장 강력한 성공의 도구다. 수다가 필요할 때와 전략적 언어 사용이 필요할 때를 구별한다. 자신의 의견을 관철하기 위해 침묵의 대화법과 간결하고 명쾌한 두괄식 어법을 잘 활용해야 한다. 미괄식은 바쁜 직장생활에서 핵심 전달도 못하고 상처받기 쉽다. 불필요한 손동작으로 가볍게 보이지 않는 것이 좋으며 먼저 잘 듣고 핵심을 논리적으로 말해야 한다. 그러나 모든 대화의 기본은 잔기술이 아닌 상대를 진심으로 배려하고 이해하는 따뜻한 마음임을 잊지 않아야 한다. 특히 전화를 받거나 걸 때 활기차고 유쾌하게 말하는 것도 상대를 배려하는 것이다.

5. 유머 즐기기

　유머는 상대에 대한 배려고 애정이며 동지애의 근원이다. 개그로 사람을 웃기는 것은 타고나야 하지만 평범한 사람의 유머 감각은 유머를 즐길 줄 아는 마음 자세면 충분하다. 유머든 실수든 받아들일 줄 아는 여유와 흔쾌히 웃어줌으로써 상대를 배려하는 세심함만 있으면 충분하다. 열등감은 유머 감각의 적이다. 하늘과 땅 사이에 나보다 높은 사람도 낮은 사람도 없으니 우쭐할 것도 기죽을 것도 없다. 그래서 천상천하 유아독존(天上天下唯我獨尊)이다.

　링컨 대통령은 유머가 많은 것으로 유명하지만 그가 젊은 날 심한 우울증과 망상으로 고생했다는 것은 그리 많이 알려져있지 않다. 그는 평생동안 유머로 삶의 좌절과 우울을 날려버리는 훈련을 했다. 매일 유머 관련 책을 보고 다른 사람에게 재미있는 이야기를 들려주고 크게 웃곤 했다. 의회에서 링컨을 두 얼굴을 가진 이중인격자라고 질책했을 때 '내가 두개의 얼굴을 가지고 있다면 오늘 같은 중요한 자리에 왜 이 못생긴 얼굴을 가지고 왔겠느냐?'고 했다는 일화는 유명하다.

프랑스 작가 빅토르 위고는 '인생이 엄숙하면 엄숙할수록 유머가 필요하다.'고 했고, 중국에는 '웃기 싫은 사람은 장사를 하지 말라.'는 속담도 있다. 공직자가 웃는 것을 싫어하면 적성에 맞지 않는 것이니 고치든가 아니면 다른 직업을 찾아야 한다.

6. 외모 활용하기

외모도 전략이다. 의복은 나를 표현하는 도구며 타인에 대한 배려이고 성공의 전략이다. 옷차림의 기본적인 기능은 '나는 적절할 사람'이라는 것을 보여주는 것이다. 따라서 때와 장소를 적절히 분간하는 의상과 화장술로 외모가 주는 사회적 표상을 잘 활용해야 한다. 상황에 맞는 의상의 선택과 자신의 단점을 극복하는 외모 전략이 성공을 부른다. 자신의 외모를 가꾸기 위해 과하지도 모자라지도 않는 노력을 들여 꾸미되 사치하지 않고 지혜를 갖추되 오만하지 않아야 한다.

7. 적 안 만들기

적을 만들지 않는다는 것은 무골호인(無骨好人)처럼 누구에게나

'오냐오냐' 한다는 의미가 아니라 다른 사람의 마음을 다치게 하지 않는 것이다. 일에 대한 명확한 지침을 주거나 지적은 할 수 있지만 인신공격으로 모멸감을 주지 말아야 한다. 아무리 일로 부딪혀도 상대의 자존심을 건드리지 않는다면 멀어질지언정 적은 되지 않는다. '세상에서 제일 훌륭한 사람'은 위대한 사람도 대단한 석학도 아닌 바로 '나에게 잘해 주는 사람'이라고 한다.

양반 말지기들이 말을 쉬게 하면서 모여서 하는 사람 품평을 의미하는 '하마평'이라는 말이 있다. 결정적인 판단의 순간에 인사권자는 하마평을 고려한다. 꼭 그래서가 아니라도 적은 언젠가는 나에게 칼을 꽂으려 한다. 세상이 무너지는 일 아니면 마지막은 훈훈하게 마무리하는 것이 정신 건강에도 좋다.

8. 약한 사람들을 귀하게 여기기

한 사람의 위대함은 그가 얼마나 많은 사람들에게 도움을 주었는가로 평가된다고 한다. 어디서 있든 가장 약하고 힘없는 사람이 누군가를 늘 살펴야 한다. 가장 낮은 곳에 있는 사람들을 가장 귀하게 대하면 나는 스스로 귀해진다. 청소하는 이들에게, 경비원에게, 허드렛일 하는 이들에게, 내 주변의 가장 약하고 힘든 사람들에게 베풀어야 한다. 물자는 인생과 마찬가지로 순환한다. 내가 준 것은 어떤 형태든 결국 돌아온다. 나한테 돌아오지 않으면 자식에게라도 반드시 돌아온다는 것은 내 경험으로 진리다. 그들을 섬세하게 챙기고 말 한마디 따뜻하게 챙기는 것만으로도 나에게 늘 엄청난 행운으로 돌아왔다.

9. 따뜻하게 포옹하기

　포옹은 정서적 유대를 가능하게 한다. 물론 지금 시대에 위험한 행동이라고 할지 모르지만 진심은 어디에서도 통한다. 진심을 담은 따뜻한 위로의 포옹은 결단코 위험하지 않다. 가족에게든, 친구에게든, 동료에게든, 제자에게든 포옹이 통한다면 그것은 그동안 따뜻하게 잘 살았다는 증거다. 포옹은 상대를 무장해제 시킨다. 진심을 다해 위로하고 따뜻하게 안아주는 행위는 따뜻한 마음과 정서를 만들어 낸다.

　포옹은 꼭 몸으로 하는 것은 아니다. 마음으로 끌어 안아주고, 여유로 끌어안아 주고, 말로 안아주는 방법도 있다. 지치고 힘들다고, 술 한 잔 했다고, 까칠한 얼굴 보고 싶다고 응석 부리듯 오는 옛 동료들의 전화는 내가 나름 잘 포옹했구나 하는 생각이 들게 한다.

10. 매일 독서하기

　독서는 올바른 판단을 할 수 있는 힘을 준다. 독서는 성공을 부르는 최고의 습관이다. 독서는 지식을 주며 나를 바로 서게 하고 지혜롭게 한다. 게다가 독서는 사랑이다. 사랑하는 사람들을 위해 리더십 책도 읽고, 수업 관련 책도 읽고, 육아책도 읽고, 요리책도 탐독한다. 독서를 통해 세상은 서로 연결될 수 있다. 책 읽는 것을 밥 먹는 것처럼 여기며 살아왔다. 그러나 과식하지도 말아야 한다. 책 속에 길이 있지만 책만으로 길을 갈 수는 없기 때문이다. 밥을 먹듯 매일 조금씩 읽는 책이 건강을 지킨다.

　사람책도 있다. 인생 서재에 좋은 사람책을 많이 꽂는 것이 성공비

결이다. 내 주위의 사람들이 나의 서재를 채워 줄 좋은 사람책임을 잊지 말고 성심성의껏 대해야 한다. 여성 직업인들은 관계 지향적이기보다 업무 지향적이라는 말을 많이 한다. 관계만을 따지며 술자리를 전전하는 사람들은 싫어하지만 그렇다고 일에만 몰두해서 옆도 뒤도 보지 못하고 관계를 소홀히 하는 것도 칭찬할 일은 아니다. 살다 보면 나와 관계를 맺었던 좋은 사람들이 결정적인 순간에 나를 잡아준다. 그들은 내가 100권을 읽어도 다 못 얻을 경험과 지혜로 나를 돕는다.

그래서 내 삶의 구호는 1·1·9다.
하루에 1번 이상 착한 일 하고, 하루에 1페이지 이상 책 읽고, 9번 이상 소리 내서 웃는다. 이 쉬운 구호를 어렵게 지키며 오늘 내가 여기에 있다.

교직 버킷 리스트

 임종을 앞둔 사람에게 가장 후회되는 것이 무엇이냐고 물으면 '왜 용서하지 못했을까?'라고 말하는 사람이 많다고 한다. 그 말은 '왜 더 많은 사람을 사랑하지 못했을까'와도 통한다. 용서의 반대말은 미움이 아니라 사랑이라고 하지 않았던가? '용서와 사랑'이 죽음에 이르러서야 깨달을 만큼 어려운 명제가 아님에도 인생의 가장 큰 후회로 남는다는 것은 무엇을 의미할까?

 퇴직한 선배 교사들을 만나면 교직생활에서 가장 후회되는 것은 '쓸데없는 일로 아이들도 볶고 나도 볶은 것'이라고 하기도 하고 '보잘 것 없는 것들로 내 주변 사람들을 행복하게 하지 못한 것'이라고도 고백한다. 그리고 그분들의 충고는 '인생 길지 않으니, 베풀고 사랑하며 행복하게 지내라.'는 것이다. 오늘날에도 가장 중요한 화두는 행복이다.
 몇 년 전 '세계 지식 포럼'에서 세계적인 석학들은 최근의 중요한 10개의 이슈를 선정했는데 그중에서 눈에 띄는 것은 '행복'에 관한 성찰이다. 지식, 리더십, 성장, 혁신, 인재, 투자, 복지, 경제 이러한 낯익은

말들과 더불어 가장 많이 논의된 주제 중의 하나가 행복이라는 것이다. 숀 아처는 '성공해서 행복한 것이 아니라 행복해서 성공한 것'이라고 주장하기도 했다.

대한민국의 교사들은 아이들을 왜 그토록 열심히 '가르치려'하는 것일까? 아주 간단히 요약하면 '잘 살게 하기 위해서'일 것이다. 잘 산다는 것은 후회를 줄이며 잘 죽는 것과 다름이 없다고 할 때 결국 서로 사랑하고 용서하며 살아가는 것이다. 세상 끝나는 날 행복했노라 말할 수 있어야 한다.

질문이 역사의 물줄기를 바꿔왔다. 유목민은 '어떻게 물 가까이 갈까?' 질문하며 문명을 발전시켜 왔다면 농경민은 '어떻게 하면 물을 끌어올까?' 질문하면서 문화를 생성해 왔다. 과연 우리 교육자들은 어떤 질문으로 아이들의 인생 역사의 물줄기를 바꿀 것인가?

이제 학생들의 삶의 물줄기를 바꿀 수 있는 제대로 된 질문을 해야 한다. '무슨 대학을 갈래? 무슨 직업으로 돈 많이 벌래? 어떻게 앞서 갈래?'와 같은 질문에서 '어떻게 인생을 가치 있게 살래? 어떻게 존엄함을 지키고, 지켜주며 살래? 그리고 어떻게 행복을 만들어 갈래?'와 같은 좋은 질문을 통해 아이들의 삶을 지켜주어야 할 때인 것이다.

교사의 좋은 질문은 아이들의 인생을 바꿀 뿐 아니라, 교사 자신의 행복도 보장한다. 교사가 모든 것을 잘 할 필요도 없고 세상에서 가장 현명할 필요도 없다. 아이들을 내 힘으로 만들려 하지 말고 함께 질문하고 해답을 찾아가며 함께 아름다운 역사를 만들어 가는 것이 우리 교사들의 이상일 것이다. 그리고 그 이상은 좀더 나은 현실을 만들어 낼 것이라 생각한다.

교사들이 무슨 선택을 하는가가 학생들의 미래를 결정한다. 좋은 교사가 되는 길은 쉬운 길도 아니지만 전혀 갈 수 없는 길도 아닐 것이다. 수업을 잘하고 아이들을 잘 가르치는 동료교사들에게서 겸허히 배우고 이를 현장에 접목하려 노력하고 아이들과 교감하면서 끊임없는 사유와 성찰을 통해 질문한다면 아이들을 행복하게 하는 좋은 교사가 될 수 있을 것이다.

학생들은 광채를 내야 하는 보석이다. 보석이 빛나기 싫다고 빛나지 않는 것을 보았는가? 그러나 모든 보석은 원석으로는 가치를 발하지 못한다. 원석이 갈고 닦는 연금술의 과정을 거쳐 진정한 보석으로 태어나듯이 아이들도 교사들이 행하는 연금의 과정을 거쳐 그들만의 빛을 발하는 귀한 보석으로 탄생하기를 바란다.

그리하여 교직을 마치는 날 '나는 교육자여서 행복했노라!' 고백할 수 있기를 소망한다. 이것이 나의 교직 버킷 리스트다.

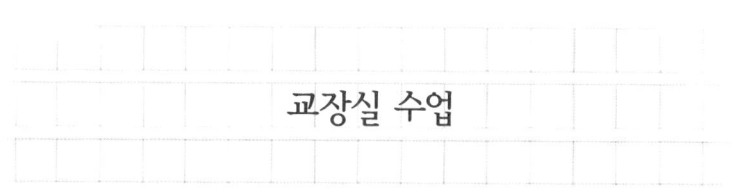

교장실 수업

나는 선생님들이 급한 일로 보강이 필요한 경우나 시험 끝나고 애매한 기간에 가끔 수업을 한다. 친한 교장들은 나에게 '그러다 교장보고 수업하라고 하면 어쩌려고 그러냐? 튀지 좀 마라.'고 한다. 그럼에도 나는 교장실 수업으로 얻는 것이 많아서 쉽게 포기하지는 않을 것 같다.

처음에는 해당 교실에서 선생님들처럼 출석도 부르고 PPT를 준비해 가서 수업을 했다. 아이들은 최선을 다해 들으려 노력하지만 수업을 안 한지 오래된 나로서 아이들을 집중시키며 수업하는 일은 쉽지가 않다. 땀 삐질삐질 흘리며 수업 마치고 나오면서 후회가 밀려온다. 급한 보강이 필요할 때 언제든 수업하겠노라고 큰 소리는 쳤는데 앞으로 이 난관을 어찌 해결해야 하나 막막하기도 했다. 그리고 선생님들 수고에 격한 공감을 하게 된다. 그래서 생각해 낸 것이 교장실 수업이다.

공간이 주는 권위라고 할까? 아이들은 교실에서는 자신들의 공간이라는 텃세(?)가 있지만 교장실은 내 공간 아닌가? 감히 내 영역에 와서 나의 수업을 방해할 생각들을 안 하는 것일까? 아이들의 집중도는 최고다. 우리 학교 교장실에는 한 학급 수업이 가능한 접이의자가 항상 준비되어 있다.

우선 교장실 수업을 위해 입구에 학생들을 위한 사탕 등을 준비해서 마음을 산다. 숫자가 적으면 차를 준비해서 대우해 주기도 한다. 그리고 수업이 끝나면 나는 교장실 문 앞에서 아이들에게 일일이 악수나 포옹을 하며 감사를 표한다. 껴안아달라고 하는 아이도 있고 정중하게 악수하는 것을 즐기는 아이들도 있다. 어떤 아이들은 작은 천사처럼 내 품에 폭 안겨 감사를 표한다. 따뜻하고 좋다. 우리 아이들의 따뜻한 온기와 마음이 전해져 내가 이 아이들의 선생이라는 과분한 행복에 울컥해질 때도 있다.

아이들은 <우리학교를 빛내는 인물들>이라는 제목으로 교장실에 붙여놓은 전교생 사진에서 자신들의 얼굴을 찾으며 깔깔거리기도 한다. 용감한 아이들은 소파에 앉아 폼을 잡기도 하고 심지어 어떤 아이들은 집무 책상에 앉아봐도 되냐고도 한다. 아이들은 교장실의 주인이다.

아이들과의 교장실 수업은 선생님들을 지원하는 보강의 의미도 있지만 속내는 아이들과 제대로 마음 통하는 이야기를 하고 싶어서 시작했다. 효과는 내가 생각한 것 이상이다. 일단 조용히 잘 듣는다. 그리고 학교 생활에 대한 나의 여러 가지 부탁을 행동으로 옮기려는 결심을 한다. 그리고 교장과 학생들, 노인과 젊은이의 벽이 허물어진다.

 교장실 수업은 학교의 중요한 사항이나 해결해야 할 문제, 기본 생활에 대한 부탁, 책임강조 등 조금 차원 높은 교육을 하고 싶을 때 좋다. 급식 문제, 화장실 사용 문제, 의복 문제, 수업 문제, 동료관계 문제, 환경 문제 등 소소한 부탁이 필요할 때도 아주 효과적이다. 또 학생들과 학교 비전을 공유하고, 전통을 공유하고, 민주시민으로서의 품격을 강화하기 위한 방법으로 강추한다. 그래서 교장실 수업은 다 좋다. 마치 토크쇼처럼 아이들은 진지하게 참여하고 의견을 개진하며 성장한다.

 강당이니 방송으로 하는 훈화는 아이들에게는 소음이다. 그러나 교장실에서 그들을 어른으로 대접하면서 하는 부탁을 아이들은 정중하게 받아들이고 실천한다. 내가 근무한 학교의 아이들을 '자율과 책임'이라는 분명한 철학으로 이끌 수 있었던 것은 교장실 수업의 역할도 있을 것이다.

 아이들은 성숙한 학교의 일원으로 인정받고 대접받음으로써 더 성숙해지고 자극이 되는 것 같다. 내가 늘 하는 말은 '길은 걸어가는 사람이 만드는 것이다.'라는 것이다. 결국은 내가 걷는 발자국이 역사가 되고 길이 된다. 교장실 수업을 경험한 아이들은 각자의 경험에서 다르게 해석하고 기억될 것이다. 그리고 조금이나마 그 아이들의 미래에 도움을 줄 것으로 기대한다.

　내가 교장의 역할을 좋아하는 이유는 나만의 공간을 가지고 있다는 것이다. 그 공간에서 가끔은 공부가 어려운 학생들을 불러 차 한 잔 하거나, 3학년 아이들 자기소개서나 면접을 봐주거나, 아침 거르고 오는 말썽쟁이 아이들 등짝 때려서 컵라면을 먹이기도 한다.
　또 교장실은 아이 때문에 마음 상한 부모와 한바탕 울고 웃기도 하고 선생님들과 학교 변화에 대한 뜨거운 열정을 나누는 역동적인 장소이기도 하다.

아이들에 대한 소소한 생각 모음

1. 시간의 자기 결정권
2. 어른들이 만들어 주는 추억 한 자락
3. 포용국가에서의 청소년의 짐
4. 대충 살자
5. 아이들을 키운 것은 팔 할이 무관심이다

시간의 자기 결정권

 자본주의 사회에서는 주어진 시간을 효율적으로 활용하는 사람을 경쟁력 있는 사람이라고 한다. 즉 시간은 돈이며 재화다. 그래서 우리는 어려서부터 시간을 효율적으로 사용하고 아껴 써야 한다고 배웠다. 우리 세대 대부분은 방학이 시작되기 전 밥그릇으로 그린 동그라미 안에 꼼꼼하게 채워 넣었던 '방학 중 시간계획표'에 대한 추억이 있다. '쉬는 시간'과 '꿈나라'만 잔뜩 있다고 엄마에게 잔소리 듣던 기억이 새롭다. 그래서 우리 세대 대부분은 공부나 일은 당당하게 그러나 쉬거나 노는 일은 눈치 보며 살아왔다.

 그런데 이제 '워라벨 시대(Work-life balance:일과 삶의 균형을 이루며 살자는 뜻)'라고 한다. 일과 여유, 일과 삶의 균형을 찾지 못하고 우왕좌왕하면 '꼰대' 취급한다. 공부와 일, 잠자고 텔레비전 보는 일 외에 시간을 채울 방법을 배워보지 못한 우리 세대들은 시간 때문에 쩔쩔매고 있다.

그도 그럴 것이 학창 시절에는 '촌음'을 아껴가며 공부했고, 성인이 되어서는 '월화수목금금금' 일하며 달려왔다. 그런데 이제와서 제대로 놀 줄 모른다고 '꼰대'란다. 서운하고 억울하기도 하다. 게다가 젊은 교사들이 자신들의 시간을 오롯이 지키기 위한 행동을 이해 못해 전전긍긍이다.

생각해보면 몇 백 시간 걷던 거리를 고속열차로 몇 시간 만에 도착하고 남긴 시간이며 많은 신기술들로 아껴진 시간들은 다 어디로 가버렸는지 궁금하기도 하다. 무엇하러 그 많은 시간을 황금같이 여기며 살았는지 이제야 회의가 들기도 한다.

젊은 교사들의 시간에 대한 관념도 아직 이해를 못했는데 학생들의 시간 관념은 더더욱 그러하다. 우리 아이들이 살아갈 시대는 더욱 고도화된 기술 발전으로 노동 시간이 줄어들어 더 많은 잉여 시간이 생길 것이다. 이 시간들을 우리 세대가 해 왔듯 다시 일에 투자하여 노후에 꼰대 소리 들으며 살 것인지 아니면 그 시간을 인간으로서의 존엄함과 삶의 질을 유지하기 위해 활용할 것인지는 아이들 선택에 달려있다.

개인에게 주어지는 하루 24시간은 가공되지 않은 재화다. '시간은 돈이다'라는 말은 시간을 아껴야만 재화로서의 가치가 있다는 의미는 아니다. 오히려 이 재화를 어떻게 가공하고 활용하는가에 방점이 있다.

재화로서의 시간의 가치를 높이는 것은 전적으로 개인의 몫이다. 사람에 따라 1시간을 1분처럼 흘려보내기도 하고, 10분을 한 시간처럼 귀하게 쓰기도 한다. 따라서 '시간의 자기 결정권'에 대한 관심이 필요한 때다. 특히 더 많은 시간을 소유하게 될 우리 아이들에게 '재화로서의 시간'에 대한 교육은 중요하다. 공부하는 방법처럼 노는 방법, 쉬는 방법, 여유를 누리는 방법도 가르쳐야 한다.

방학인데도 초6, 중3때 미리 예습해 놓지 않으면 뒤쳐진다고 월요일부터 일요일까지 학원에 다니며 하루 온종일 공부하는 아이들을 보면 숨이 막히면서도 안쓰럽다. 우리가 순위 매긴 대학 졸업장이 미래의 행복과 성공을 보장하지 않는다고 머리로는 알고 있지만 주위에서 달려가는 모습을 보면 더러 겁이 나기도 할 것이다.

그러나 많은 미래학자들의 말은 시기의 문제지 틀린 적은 별로 없다. 그들은 앞으로 더욱 자주 이러한 팬데믹 시대가 올 것이라고 예측한다. 내가 고통의 주체가 될 수도 있고 고통의 매개자가 될 수도 있다. 어제의 당연한 일이 오늘 다른 양상으로 전개되는 시대다. 이런 시기에서 성공적인 삶을 보장하는 능력은 창의성과 회복 탄력성이라고 한다.

교육과정이 이제는 놀이 중심, 쉼 중심으로 변화하고 있다. 공부로 지친 아이들에게 '쉼'의 시간을 주어야 하는 것도 있지만 무엇보다 놀이를 통해 아이들의 시간을 아이들에게 돌려주자는 의미가 있다. 또 놀이의 방법을 배우게 함으로써 그들의 시간의 질을 높이고 회복탄력성을 높이자는 것이다.

이미 사회의 각 분야에서 잘 쉬는 사람, 잘 노는 사람, 시간을 적절히 배분할 줄 아는 사람이 돈을 벌고 성공하는 것은 흔한 사례가 되었다. 앞으로 우리 아이들이 살아갈 사회는 단순 노동량만으로 돈을 만들지 못한다. 오히려 쉬면서 하는 자유로운 상상, 질 높은 관계를 만드는 여유, 창발적인 아이디어를 만드는 놀이 등이 돈을 벌고, 다양한 색으로 채워진 시간들이 정신과 육체의 건강을 허락할 것이다.

그러니 AI시대를 살아갈 아이들의 시간을 소위 굴뚝 산업 시대의 우리들의 시간과 같은 방식으로 대하게 해서는 안 된다. 아이들에게 시간을 선택하고 조절하고 다양한 색으로 채워나갈 수 있도록 공부는 물론 놀이, 쉼, 여유, 여행과 같은 다양한 경험을 선물해야 한다. 그래야 비로소 시간은 돈이 된다.

어른들이 만들어 주는 추억 한 자락

우리 가족의 송구영신 의식은 오래된 전통이다. 매해 1월 1일 0시가 되면 온 가족이 둘러앉아 제야의 종소리를 들으며 새해를 맞이한다. 촛불을 가운데 두고 둘러 앉아 서로 손을 잡고 한 해 동안 감사했던 일과 다가오는 새해의 소망을 돌아가며 말한다. 그리고 서로 포옹하며 가족으로서 온기를 나눈다. 아이늘이 어려서는 흥미로운 이벤트로, 청소년 시기에는 그들의 삶에 추억 한 자락을 선물하기 위해, 그리고 장성해서는 가족이 항상 곁에 있다는 것을 알려주기 위해 이어온 소박한 의식이다. 평범한 감사와 소망을 나누던 해도 있었지만, 기적 같은 감사로 펑펑 울며 맞이하던 해도 있었고, 태어나 처음으로 맞이하는 낯선 행사에 어색해 하는 사위와 웃음꽃 피던 해도 있었다.

놀기 좋아하는 우리 아이들은 밖에서 친구들과 놀다가도 그 시간이 되면 집에 와서 새해를 맞이하고 총알처럼 다시 놀러 나가곤 했었다. 장성해서도 그날만은 모든 약속을 뒤로하고 가족이 함께 보낸다. 이번 새해에는 코로나 19로 모이기가 어려워 영상으로 대신했다.

자식들이 모두 떠난 빈 둥지에서 남편과 손을 잡고 마주 앉으니 이

또한 새롭다. 이런 소소한 의식도 건강하지 않다면, 화목하지 않다면, 우환이 있다면, 사랑하지 않는다면, 무엇보다 삶의 희망이 없다면 절대 할 수 없는 일이라는 생각이 드니 이 순간이 선물처럼 소중하다. 매일 맞이하는 0시지만 작은 의식을 통해 한 자락 추억이 되어 쌓인다.

살면서 위기의 시간들도 있었지만 우리 가족은 이러한 소소한 가족 행사로 서로의 힘이 되어주곤 했다. 그래서 나는 가정이든, 학교든, 직장이든 삶을 따뜻하게 할 소소한 행사와 추억 만들기를 권한다. 아이들이 어른이 되어 세상으로 나갈 때 생각만으로도 힘이 되는 따뜻한 추억 하나쯤은 가져야 한다. 살면서 어려움에 닥쳤을 때 알고 있는 지식이나 능력보다 이러한 소소한 추억들이 힘이 되고 존재의 따뜻함을 제공한다는 것을 우리는 경험으로 안다. 우리 아이들에게 능력 쌓고 스펙 쌓으라고 다그치기 전에 추억 한 자락 선물하는 것은 어떨까?

추억은 마음 깊은 곳에 그저 쌓이는 것이다. 굳이 꺼내보지 않아도 마음 깊은 곳에서 온기를 전해 준다. 게다가 운 좋으면 인생 살다 외로울 때 한 번쯤 꺼내 볼 수도 있다. 꺼내 보지 않으면 어떠랴? 추억을 소환하지 않아도 좋을 삶이라면 이 또한 축복받은 삶이 아니겠는가.
고등학교 교장인 나는 선생님들에게 이런 말을 자주 한다. '고등학교는 우리 아이들이 가족이 아닌 다른 성인에게 아무 조건 없는 사랑을 받을 수 있는 마지막 기관이다. 그리고 고교 시절 만든 추억들은 험한 세상을 살아갈 힘이 되고 따뜻한 위로가 될 것이다. 그러니 뜨겁게 사랑해 주고, 열심히 추억 한 자락 만들어 주자.'

우리 학교 고3 아이들의 핵심어는 '그리움과 고마움'이다. 우리 아이들이 졸업하고 나가서 고개도 돌리고 싶지 않은 학교가 아니라 힘들고 지칠 때 그리워지는 학교가 되고 선생님이 되고 싶다. 그래서 우리는 제자가 있는 교사고 아이들이 그리워하는 학교다.

아이들에게 힘들고 거친 세상에 나가 살 힘을 주는 것은 어른들의 몫이다. 그리고 그들에게 온기 가득한 추억 한 자락 선물하는 것도 어른들이 해야 할 중요한 일이다.

체육대회, 축제, 체험학습, 가끔의 땡땡이, 심지어 불량식품까지 모두가 아이들에게는 반추하며 살아갈 힘이다. 얼마 전 아무 영양가 없다고 천대받던 참외가 엽산이 많은 좋은 과일이라고 많이 먹으라는 기사를 봤다. 공부하는 데 아무런 도움도 되지 않을 것 같은 소소한 행사들이 훗날 아이들 삶을 성장시키는 영양 요소가 될지 누가 아는가?

지난 학기 우리 학교는 체육대회, 축제, 체험학습, 진로페스티벌 등 교육과정 운영계획서에 나와 있는 각종 활동들을 거의 하나도 빼지 않고 했다. 온갖 지혜를 동원해 코로나19 시대에 맞는 방법을 찾아내 방역지침을 준수하되 학생들의 참여를 극대화하고 학생들이 만족을 극대화했다. 처음에 많은 걱정과 논란과 불안이 있었지만 결국 우리는 해냈다.

- 전 략 -

우리 학교가 코로나19의 시대임에도 학교행사를 하는 이유는 크게 2가지가 있습니다

첫째로, 이 사태가 언제 끝날지 모르는데, 아이들에게 많은 일상을 유예하며 작년에 이어 올해도 기다리라고만 할 수 없기 때문입니다. 우리 아이들이 이 시절에 경험하지 못한 것은 그대로 흘러갈 것입니다. 분명한 것은 우리 아이들의 여고 시절은 절대 다시 돌아오지 않는다는 사실입니다.

둘째로, 코로나만이 아니라 살면서 부딪히는 많은 난관을 어떻게 지혜를 발휘하면서 헤쳐 가는가를 가르치는 것도 학교가 할 일이기 때문입니다. 아이들의 삶에 이러한 위기가 언제 또 일어날지도 모릅니다. 선생님들과 학생들이 지혜를 총동원해서 행사를 추진하고 고민하는 과정도 교육이라고 생각합니다. 법절차 안에서 일상을 지혜로 살아본 경험을 통해 아이들은 삶에 대한 긍정성과 대응력을 키워갈 것입니다.

- 후 략 -

〔2021.5 학교행사 추진 전 가정통신문 중〕

코로나가 지나가면 다 해줄 테니 기다리라고 하지 말라. 대학만 가면 무엇이든 할 수 있으니 학창 시절을 포기하라고 하지도 말라. 의사들의 예견처럼 어쩌면 인류는 많은 위기들과 '함께 살게'될지 모른다. 요즘처럼 지쳐있는 시기에 '내일'을 기다리며 지나치게 '오늘'을 희생하지 않기를 바란다. 오늘의 상황에서 아이들이 할 수 있는 일들을 찾아 그들에게 추억을 선물하자.

포용국가에서의 청소년의 짐

 2018. 4월 BBC 조사에 따르면 한국의 사회적 포용도는 20%다. 조사대상 27개국 가운데서 헝가리를 제외하고 가장 낮다. 몇 년 전 정부는 '포용 국가'를 선언했다. 청소년과 아이들, 장애인과 사회적 약자에 대한 관심과 지원을 늘리겠다는 구상도 발표했다. 나는 뉴스를 보면서 공연히 울컥해진다. 인간이라면 누구나 가져야 할 '포용'을 국가의 정책으로 삼는 현실도 그렇지만 아이들의 미래의 삶이 안타까워서다.

 '포용국가'를 발표한 정확한 이유는 모르겠지만 아마도 다가올 초고령 사회에 대한 절박함 때문은 아닌가 생각해 본다. 적은 생산인구가 보다 많은 인구를 부양해야 하는 사회의 도래로 어른들은 당황하고 있다. 그리하여 '포용국가'라는 마음 짠한 짐꾼 키우기 프로젝트를 개발했는지도 모른다는 다소 과민한 상상을 한다. 아이들은 받은 것보다 더 무거운 짐을 지며 살아야 할 것이다. 아이들 말대로 '의문의 1패(敗)'다.

'청소년은 자기 삶의 주인이다. 청소년은 인격체로 존중받을 권리와 시민으로서 미래를 열어갈 권리를 가진다.'로 시작되는 청소년 헌장에는 9개의 책임과 12개의 권리가 제시되어 있다. 선택한 삶에 대한 책임, 다른 사람을 존중할 책임, 더불어 살아갈 책임 등과 함께 균형 있게 성장할 권리, 올바른 신념에 따라 활동할 권리, 여가를 누릴 권리, 다양한 문화예술 활동에 자유롭게 참여할 권리 등이 제시되어 있다.

그럼에도 청소년들의 권리는 무시당하기 일쑤다. 낮에 어른들을 위해 개방하는 주민쎈터도, 노인정도, 체육시설도 하교 시간이면 굳게 문을 닫는다. 마을회관에도 동네 체육 쎈터에도 아이들을 위한 공간은 없다. 어른이 사용하지 않는 시간에 아이들이 쓰게 하자는 제안도 어림없다며 앵돌아선다. 마을의 미래며 미래의 생산 인력인 아이들은 어둑한 공원이나 PC방 때로는 폐가에 모여 '어둠의 자식'으로 변한다. 많은 예산이 마을의 노인회, 부녀회, 청년회에 배정되고 마을 관광객 유치를 위해 쓰이지만 정작 청소년들을 위한 예산은 없다. 심지어 그나마 있는 아이들 공간을 어른들 공간으로 바꾸어 버리기도 한다.

요즘 사회적으로 '노인혐오' 문제가 부각되고 있다.

노인들에 대한 공연한 짜증, 거리두기, 무시 등은 예사고 학생들이 노인을 희롱하고 학대하는 일들도 있다. 젊은이들이 문제라고 할 수 있지만 다른 쪽으로 생각하면 우리 어른들이 뿌린 씨앗을 거두는 것은 아닌가 싶다.

노인은 있되 어른은 없는 사회, 주장은 있되 포용이 없는 사회를 아이들은 보고 배운다. 아이들은 배운 그대로 포용을 모르는 어른으로 자라 노인을 포용하지 않는 것인지 모른다. 지금 어른들이 보여주는 포용은 훗날 아이들의 더 큰 포용을 낳을 것이다. 지금 아이들 몫으로 조금 떼어주는 예산이, 조금 양보한 공간이, 교육봉사로 투자하는 약간의 시간이 훗날 아이들의 경쟁력이 될 것이며, 아이들이 표현하는 감사의 크기가 될 것이다.

학교는 민주주의를 학습하는 기본 장소다. 민주주의의 기본은 존중에서 시작된다고 생각한다. 사회가 학교가 먼저 청소년들을 존중하고 대우해 주어야 그들은 그것을 배우고 성장한다. 모든 성공에는 시작이 있다. 지금이 그때다. 우리 아이들을 먼저 포용하기 시작해야 아이들도 포용의 사회를 만들어 갈 것이다.

사실 그동안 국가나 지자체의 청소년에 대한 투자는 다른 연령군에 비해 상대적으로 적었다. 여러 가지 이유가 있겠지만 선거권의 유무에 따른 정치적 홀대는 아닌가 의구심이 들 때가 있다. 그러나 손익계산이 빠른 기업들이 청소년들에게 꾸준히 투자하는 이유를 생각하면 청소년들에 대한 투자는 생존전략이다. 너무 얄팍해서 속이 훤히 보여도 좋으니 앞으로는 미래의 짐꾼인 청소년을 위한 예산, 공간, 시간을 과감하게 투자해서 이 마을 저 마을에서 청소년들을 위한 공간과 사업들이 생겨나기를 간절히 소망한다.

대충 살자

한때 인터넷에서 '대충살자.'시리즈가 인기였다. 이러저런 사진들을 '대충살기'로 표현한 유머지만 우리 젊은이들의 마음 같아 안쓰럽다. 살아가는 방식도 시대에 따른 유행이 있나 보다. 우리 시대는 '절대 대충 살면 안 된다.'고 배웠다. 얼렁뚱땅 해치우다가는 '인생 종친다.'고도 했다. 매사에 최선을 다하고, 열심히 노력하고, 타의 모범이 되어야 성공할 수 있다고 믿었다. 그리고 그 믿음은 나름 효과가 있어서 흙수저들이 열정과 노력으로 이룬 성공신화는 지천에 널려 있었다. 그래서 우리는 열정을 끌어내려 애썼고 최선을 다해 살았으며 자식들과 제자들에게도 그렇게 가르쳤다. 적어도 우리에게 열정은 게을러서 다 못 쓰고 가는 무궁무진한 자원이었다. 열정은 나누어 쓰는 것이 아니라 샘솟는 것이라 믿고 그렇게 살았고 그 덕에 나름 성공도 누렸다.

그러나 지금의 젊은이들에게 열정은 한정된 자원이다. 최고치를 경신하는 실업률, 분노지수를 최상으로 끌어올리는 집값, 계속 달아나기만 하는 여유라는 놈들 때문에 잘못 열정을 끌어내다가는 번아웃

(burn out)되거나 스스로 포기하기 십상이기 때문이다.

그들이 만들어낸 '대충 살자.'는 말은 어떻게 해도 잘 살기 어려우니 '남 눈치 보며 살지 말고, 나 자신으로 뜨겁게 살고 싶다.'는 다른 표현일 것이라고 믿는다.

한창 교복과 두발 자유화에 대한 논쟁이 뜨겁다. 어른들은 '학생답지 못하다'며 격렬히 반대한다. 아이들은 왜 자신들의 옷과 머리와 행동을 어른들의 눈에 맞추어야 하느냐고 반문한다. '광장에는 있는 민주주의와 인권이 학교에는 없는 이유를 답해 달라.'고도 한다. 아무도 '~답지' 않은 시대에 왜 유독 학생만 '~다워야'하는지, 학생다움의 실체는 무엇인지 나 역시 몹시 궁금하다. 설사 실체가 있다한들 까짓 것 학생답지 않으면 어떤가? '양말은 새깜만 같으면 상관없는 김동완처럼, 베토벤의 높은 음자리표처럼, 걷기 귀찮아서 미끄러지는 북극곰처럼, 파마 망쳐 삭발한 철연이처럼' 그렇게 대충 산다한들 총 맞아 죽기라도 한다는 말인가?

나는 이럴 때마다 '뭣이 중한디!'라는 말을 생각한다. 어른들이 그렇게 신주단지처럼 모시는 '학생다움' 때문에 아이들이 정말 중요한 것들을 대충하며 살면 어쩐단 말인가? 모든 것을 열심히 하라고 다그치다 정작 타인에 대한 배려, 환경에 대한 관심, 인간으로서의 존엄성 유지, 정의에 대한 용기, 시민으로서의 책임감, 민주주의조차 대충 하자고 하면 어쩐단 말인가?

그들의 열정이 무궁무진하지 않음으로 해서 조금 덜 중요한 것은 대충 살도록 눈 좀 감아주자. 돌아보면 부질없는 것들을 목숨처럼 붙들고 아등바등 산 날들을 후회하는 나이가 되었으니, 까짓것 대충 살자고 외치는 젊은이들에게 눈 질끈 감자. 그들이 정말 중요한 것에 열정을 쏟도록 대충대충 봐주며 살자.

삶이란 자신의 무의식에 저장된 정보나 신념체계대로 펼쳐진다고 한다. 늘 지적질만 당하고 무언가를 하려면 혼난 경험이 아이들의 신념으로 굳어질까 두렵다. 나는 우리 학생들이 세상이 온통 자신을 위해 돌아가고 있다고 생각하기를 바란다. 설사 조금 오만해진다 해도 젊은 날의 오만과 오기는 특권이다.

아이들을 키운 것은 팔 할이 무관심이다

'나를 키운 것은 팔 할이 바람'이라는 서정주의 말처럼 스페인 배드민턴 유망주 캐롤리나 마린은 '나를 키운 건 팔 할이 무관심이다.'라고 했다. 순수 비아시아계 선수로 20위권 이내의 유일한 선수인 그녀를 배드민턴계에서는 별종이자 아웃라이어라고 한다. 그녀의 성공은 이단아로 취급받음으로써 가능했다는 내용이 눈에 띈다. 그녀는 '제도권 밖에서 성장한 점이 오히려 행운'이라고 말한다. 제도권의 무관심이 그녀의 능력과 창의적인 열정을 끌어냈다는 것이다.

BTS의 성공 역시 정부의 무관심 덕이라고도 한다. 만약 정부가 이들을 지원 했다면 오늘의 성공은 절대 불가능했을 것이란다. 온갖 서류와 보고서, 공무원의 간섭, 형평성과 공공성에 따른 규제, 점수로 내 놓아야 하는 가능성, 실패에 대한 대책을 수립하느라 너무나 많은 시간을 보냈을 것이기 때문이다. 그야말로 웃픈 현실이다. 우리 주변에도 부모나 학교가 무관심했기에 성공한 사례는 의외로 많다.

그러나 교육의 목적은 무엇이며 학교의 존재 이유는 무엇인가? 교육이란 학생 개인의 능력을 발견하고 고양하여, 그들이 인간으로서 최고의 존엄성과 가치를 발현하도록 관심을 가지고 지도하고 돕는 것이다. 기울인 관심의 양만큼 아이들은 가치롭고 존엄한 인간으로 성장한다. 관심과 사랑은 결코 실패하지 않기 때문이다. 그래서 농작물은 농부의 발소리를 들으며 성장한다고 하지 않는가? 그러나 학교 현장은 자유의지를 가진 존엄한 인간에게 주는 관심이 아닌 '교육적 관심'으로 가장한 무관심을 아이들에게 준다.

머리 색깔, 머리 길이, 바지통, 치마길이, 머리핀, 겨울점퍼 색깔, 화장품, 교복 타이나 리본, 정해진 답 따위를 규제하는 일로 정작 관심을 가져야 할 일을 놓치고 만다. 부모들조차 포기하고 어찌 못하는 것들 때문에 학교는 매일 아이들과 전전긍긍한다. 그런 하찮은 것들로 아이들을 스캔하느라 정작 아이들의 눈에 왜 이슬이 맺히는지, 아이들의 가슴은 무엇으로 설레는지, 아이들이 몇 개의 이빨을 보이며 함박꽃처럼 웃는 지, 그리고 아이들은 제 친구들과 왜 그리 즐거운지 우리는 알지 못한다. 자세히 보아야 아름다운 것들은 무시하고 무관심하면 좋을 것들에 매달려 시간을 보낸다. 빨간 머리면 어떻고, 쫄쫄이 교복 바지인들 무슨 대순가? 우리 아이들이 저리 함박꽃처럼 안기는데.

요즘 학교에서 교사와 아이들은 서로 마주치지 않고 무관심한 것이 상책이다. 아이들은 정말 먼지만도 못하게 느껴지는 일로 잔소리 듣는 것이 싫고 교사는 혹시 일어날지 모르는 무례함과 황당함에 서로를 밀친다. 지금 시스템과 규정이라면 천년은 걸려야 서로의 눈을 제대로 볼 수 있을 것이다. 우리 아이들을 키우는 것은 안타깝게도 팔 할이 무관심이다. 지금으로서는.

 사람의 성공은 많은 사례에서 보듯이 좋은 대학이나 지적 능력이 아니라 '몰입'으로 결정된다. 제발 하찮은 일들로 아이들의 몰입을 방해하지 말라. 우리는 그들이 안전하게 그들의 역량을 발휘하고 있는지 잘 살펴보면 된다. 공부를 잘해서 좋은 대학을 간 아이들과 그렇지 못한 아이들이 성인이 되어 차이가 나는 것은 좋은 대학을 선호하는 사회구조도 있겠지만 몰입 경험의 차이라고 생각한다.

 현재 학교 구조로는 공부를 잘하는 아이들이 몰입의 경험을 더 많이 했을 가능성이 많다. 학교에서는 공부 외에 다른 것에 몰입하는 것을 허용하지 않기 때문이다. 공부가 아닌 다른 것에 재능이 있는 아이들은 몰입의 경험 없이 사회로 나간다. 오히려 눈에서 벗어난 아이들이 졸업후 성공하는 결과를 가져오는 것은 그들이 교사의 관점에서는 대충 살았지만 자신의 관점에서 몰입한 결과는 아닐까 생각을 해본다.
 이제 무관심이 아닌 넉넉한 마음의 허용이 필요하다. 무관심에는 기대가 없고 허용에는 소망이 있다.

[에필로그]

가야 할 때를 알고 가는 이의 뒷모습은 정말 아름다운가?

가야 할 때가 언제인가를 분명히 알고 있음에도 몇 년을 끌고 다니던 원고를 드디어 책으로 만들었다. 노욕이다.

10년 전 당진고등학교 교장으로 첫 부임 할 때 좋은 교장이 되라고 일러주는 책은 없을까 찾았던 기억이 새롭다. 내가 딱 원하는 책은 쉽게 구하지 못했지만 나는 어찌어찌 좌충우돌 3년의 초임 교장을 마치고 장학관으로 전직하게 되었다. 떠나는 날 나의 성급함과 설익음에 눈치꽤나 주던 올곧쟁이 선생님이 나에게 인생 만화책 몇 권을 선물로 주면서 한 말이 격려가 되었다. '교장선생님! 우리 학교에서 하시던 것 책으로 내시죠?'

성공하는 교장, 효율적인 교장, 성취하는 교장, 행복한 교장에 대한 정의도 기대도 다 다를 것이다. 나는 내가 읽은 책들과 생각을 바탕으로 그저 나의 이야기를 썼다. 때로는 주제넘어서, 때로는 비현실적이어서, 급기야는 퇴직도 얼마 남지 않았는데 주책이어서 망설였다. 그렇지만 어설프게 가끔 글을 쓰는 나로서는 끄적거려둔 원고 뭉치가 아까워서 좀처럼 포기가 안 됐다.

여기가 마지막 학교일 것이니 이제 어쩔 수 없다는 심정으로 이 책을 마무리했다. 앞으로 남은 나의 교장직에 도움이 되면 좋겠다는 마음도 있다.

후배 교장들은 내가 했던 것처럼 각자의 인생에 각자의 교육관과 철학을 보태 교장직을 수행할 것이다. 그러므로 이 책은 그냥 한 뭉치의 폐지가 될지도 모른다. 그럼에도 버리지 못하는 작은 희망은 나의 소소한 경험이 후배 교장들에게 아주 약간이라도 도움이 되었으면 하는 것이다.

책을 마무리하고 보니 끝까지 열정적으로 최선을 다하며 정년까지 '존버(존재를 위해 버팀 혹은 ???)'하는 것이 후배들에 대한 예의라고 은근히 압박한 남편, 딸, 사위, 아들 그리고 시어머니, 즐거움의 소산인 손자에게 고맙다.

또 나에게 좋은 교장이 되두록 영감을 주고, 도전을 주고, 함께 달려준 당진고등학교와 천안여고 교직원들, 함께 성장해준 학생들, 그리고 교정을 자청한 사랑하는 후배들에게 깊은 감사를 드린다.

마지막으로 더 이상 원도 없고 한도 없는 전문직 생활로 여성교직자의 길을 한 뼘이나마 넓히도록 지지하고 믿어주신 교육감님께 감사드린다. 게다가 마지막을 천안여고에서 행복하게 마무리할 수 있도록 살펴주셔서 이 책이 완성되었다. 감사가 지나치니 늙은 모양이다.

2022 임인년 새해를 맞이하며
행복하려 노력하는 가경신 씀

발행 / 2022년 1월 5일
인쇄 / 2022년 1월 5일 1판 1쇄
저자 / 가경신
책임마케팅 / 윤완진
출판관리 / 김새한별
펴낸곳 / 내 안의 거인

서울시 금천구 가산동 60-19 SJ테크노빌 1116호
TEL / 02)3446-3165
FAX / 02)515-6784
E-MAIL / youn.kenneagram@gmail.com
Hompage / www.kenneagram.com

ISBN 9791196108526
값 / 15,000원

파본은 교환해 드립니다

이 책에 대한 모든 권한은 내 안의 거인에 있으므로
무단전재와 복제를 금합니다.